國風小注

您好，荀子

王玲 策划　单承彬 主编
焦福民 编　零鸟 图

绿色印刷　保护环境　爱护健康

亲爱的读者朋友：

　　本书已入选"北京市绿色印刷工程——优秀出版物绿色印刷示范项目"。它采用绿色印刷标准印制，在封底印有"绿色印刷产品"标志。

　　按照国家环境标准（HJ2503-2011）《环境标志产品技术要求 印刷 第一部分：平版印刷》，本书选用环保型纸张、油墨、胶水等原辅材料，生产过程注重节能减排，印刷产品符合人体健康要求。

　　选择绿色印刷图书，畅享环保健康阅读！

北京市绿色印刷工程

图书在版编目（CIP）数据

您好，荀子 / 单承彬主编；焦福民编；零乌图 . -- 北京：北京联合出版公司，2020.7
　ISBN 978-7-5596-3713-0

Ⅰ.①您… Ⅱ.①单…②焦…③零… Ⅲ.①儒家②《荀子》—青少年读物 Ⅳ.①B222.6-49

中国版本图书馆CIP数据核字（2019）第199577号

Copyright © 2020 by Beijing United Publishing Co., Ltd.
All rights reserved.

本作品版权由北京联合出版有限责任公司所有

您好，荀子

策　　划：王　玲（"国风小注"项目发起人及总负责人）
主　　编：单承彬（"国风小注"项目内容顾问）
编　　者：焦福民
绘　　图：零　乌
出 品 人：赵红仕
出版监制：刘　凯　马春华
责任编辑：李秀芬
装帧设计：T-Workshop.com

北京联合出版公司出版
（北京市西城区德外大街83号楼9层　100088）
北京联合天畅文化传播公司发行
北京利丰雅高长城印刷有限公司印刷　新华书店经销
字数40千字　889毫米×1194毫米　1/16　7印张
2020年7月第1版　2020年7月第1次印刷
ISBN 978-7-5596-3713-0
定价：40.00元

关注联合低音

版权所有，侵权必究

未经许可，不得以任何方式复制或抄袭本书部分或全部内容
本书若有质量问题，请与本公司图书销售中心联系调换。电话：（010）64258472-800

守旧潮人

在老一辈人眼里，这一代年轻人完了，他们不再尊重传统文化，对祖宗留下的"老理儿"不屑一顾；在年轻人看来，不是传统文化差劲，只是长辈们循循善诱的传统文化实在没劲。

于是，在长辈们的摇头叹息声中，孩子们自顾自地玩起了国风文化。

在年轻人看来，"国风"不需要被解释和定义，他们只是单纯想区别老一辈所定义的"古风"。老同志们若是想再来给"国风"绑个架，那我们就只好换个称谓，您有话语权，我有迷踪拳。当然，年轻人心里也承认先祖留下不少好内容、好素材，但大家既不想照单全收，也不想完美错过，更不想唯诺屈从。

"传统文化是一个民族的底蕴，也是一个民族的灵魂。要让传统文化更深入地走进年轻一代人心里，让青少年在传统文化中汲取养分，自觉成为传统文化的践行者、传承者和守护者……"文教产业专家学者们振臂疾呼了若干年。

道理没错，道路却错了；方向没错，方法却错了。

"你若视而不见，我便宛若晴天。"年轻人原本没指望自娱自乐的"国风文化"，能够得到长辈们的认可和肯定，"你喊你的，我玩我的，咱各行其道、互不干扰，不好吗？"

非不好，有更好。

出版"国风小注"项目之"您好,先贤"系列图书,我们没打算教会读者什么是文化,更没计划让读者认同哪些道理。所谓文化与道理,"文字"在我,"化解"在你;"道德"在我,"理解"在你。

我们所提供的历史故事,也没有人为来界定正史和野史,历史历来只有历史观,无正野之分。作者毕竟不是从那个年代穿越来的,没有亲身验证那些或沧桑巨变,或潺潺润心的瞬间。所以,历史总是和故事连在一起,今人称之为历史故事。

这一系列图书不敢对历史故事的真实性负责,却对各朝代的衣、食、住、行、礼、乐、颂、时令、节气、天干、地支、五行等"国风文化"异常考究。即便如此,我们仍不敢叫这一系列图书为"正解国风",斗胆起名"国风小注",已谦虚地体现出我们对传统文化还不够谦虚的一面。

让街头那些唐装汉服元鞋混搭、撸着烤串过圣诞的国风美少年少一些,让有话语权的和会迷踪拳的守旧潮人一道沉浸体验"国风文化",大家还能其乐融融且津津乐道,正是我们出版这一系列图书的初心和使命。

高 赛

光明网副总编辑

给读者的一封信

大家好！我是"国风小注"项目的发起人及总负责人王玲，一个12岁男孩的妈妈。策划"国风小注"项目之"您好，先贤"系列图书，缘于孩子五年级时学校组织的一次《论语》主题读书会。当时，如何给孩子讲好《论语》，让老师们犯了愁。毕竟在大家眼里，《论语》是那么高深，甚至有些晦涩。作为一名家长，在拜读《论语》的过程中，我从一个"小白"起步，到现在已经读了50多个版本的《论语》。如果说一开始是因为孩子而读，现在则是因为热爱而读。

在拜读这些经典的过程中，我学到了如何在经典中学习做父母、如何在繁杂的社会中始终保持初心、如何给青春期的孩子做一个引路人。经典中传递的精神和理念，就是中国的"国风"。

那么，如何理解"国风"呢？我认为，国风是诗经楚辞，是唐诗宋词，是丝绸之路，是礼义廉耻，是5000年悠远历史留给我们的精神财富，更是中华民族伟大复兴征途上对传统文化的继承与发展。国风超越时间和空间，深植在每一位炎黄子孙的血脉之中。

于是，在光明网领导的大力支持下，在学校、老师、顾问、出版社的通力合作下，历时近一年六个月，"您好，先贤"系列图书终于要付梓印刷了。从立项、策划到选题、定位，每一个环节都让我充满感恩。我们有着共同的愿景，我们希望把优秀的传统文化通过青少年喜闻乐见、易于接受的形式传递给他们，能够在青少年价值观形成的关键时期，引导他们扣好人生的第一粒扣子，让国风真正吹进孩子们的心中，让国风浸染孩子们的灵魂和思想，让他们因为我们民族博大精深的文化而骄傲，而自豪！只有这样，中华民族的精神家园，才能生生不息，永葆青春。

"您好，先贤"系列图书是"国风小注"项目系列图书的第一辑。在图书内容的策划会上，我们讨论最多的是这么几个问题：作为父母，我们要传递给孩子什么样的理念是正确的；作为教师，我们给学生推荐什么内容是可以帮助孩子在关键时期树立榜样的；作为学校，要开展什么样的阅读活动才能真正把传统文化的精神和思想根植于孩子们心中。那么，就让我们从阅读"您好，先贤"系列图书开始，在阅读经典前，先去阅读人物故事，通过他们的故事引发孩子的思考、讨论，碰撞出思想的火花。所以，这套图书是孩子阅读经典的桥梁，是家长引导孩子树立正确人生观的书目之一，是学校和教师做经典主题阅读的内容参考。同时，这套图书配有音频、阅读学习单，在图书推出后还会有配套的动画、活动等。

"您好，先贤"系列图书正式和大家见面啦！在此，感谢大家的关注和支持，同时也希望听到大家的建议和意见。让我们以小我的力量，为传统文化的传承、传播尽自己的微薄之力。谢谢大家！

王 玲
"国风小注"项目发起人及总负责人
2020.3.19 于家中

打造中国风格 讲好中国故事

　　党的十八大以来，以习近平同志为核心的党中央高度重视弘扬中华优秀传统文化，把传承创新优秀传统文化作为国家战略加以推进。在这一大背景下，"国风小注"项目应运而生，以创新的形式传承国学、讲好中国故事，为传统文化发声。

　　项目名称之所以叫"国风小注"，主要有两个方面的考虑。一方面，中华优秀传统文化博大精深，内涵丰富，其蓬勃的生命力在于她总是与中华民族的生存、发展结合在一起，融汇在中华民族每日、每时的生产、生活当中。因此，青少年学习优秀传统文化的最佳方式，在于更多地了解、理解古人、今人生活的点点滴滴，从微观的、"小"的视角，发现中华民族最深沉的精神追求。换句话说，就是：从很"小"的地方（比如一个具体的人、一件具体的事）注解"中国风格"。正是出于这样的基本构想，我们计划编纂一系列相关图书。另一方面，我们编纂这些图书的最终目的是促进传统文化更深入地走近年轻一代，让青少年在传统文化中汲取养分，自觉成为传统文化的践行者、传承者和守护者。因此，我们希望青少年"小"朋友能从自己的视角来注解"中国风格"。

　　此次首批推出的"您好，先贤"系列图书，向青少年读者介绍了孔子、孟子、庄子、荀子、韩非子五位著名的历史文化人物，共编成了五本图书:《您好,孔夫子》《您好,孟子》《您好,庄子》《您好,荀子》《您好,韩非子》。该系列图书以趣味故事为主要内容,引用原典语句,加以注释、解读,同时通过知识拓展、思考提示、故事延伸等内容拓展相关的背景知识,让读者更立体、更全面地了解先贤的故事,领略先贤的精神智慧。

  需要告诉读者的是,书中这些故事的遴选和设计,基本属于"发散型""下沉型"的,虽不能反映先贤的人生全貌,但可一窥他们人生中最核心、关键的处世、治学之道。我们的故事描绘了先贤生活的点点滴滴和喜怒哀乐,使其形象更加饱满、鲜活:他们既有受人敬仰的时候,也有受人冷眼,甚至被驱逐的时候;既有衣食无忧的时候,也有穷困潦倒,甚至生命受到威胁的时候;既有机遇顺达、实现抱负的人,也有壮志未酬、郁郁终生的人。这,才是先贤真实的人生。了解了这一点,你就离先贤又近了一步;了解了这一点,你就不会觉得传统文化很遥远了。

  如果青少年读者能把这些故事作为"引子",燃起对传统文化的热爱,那将是我们莫大的荣幸。

  欢迎各位读者提出宝贵意见,以便我们修正可能出现的错漏,改进工作,以期给读者提供更高质量的读本。

单承彬
2019年夏日于孔子故里

推荐语

传统文化的传承是国民身份认同最重要的内容，特别是在东方国家，被学者们称为"族群的国民模式"的血缘关系和文化共同体关系，是身份认同的重要元素。

习俗和传统在文化的持续传承和中国人的精神世界中扮演着特别重要的角色。从这个意义上说，"国风小注"项目之"您好，先贤"系列图书用生动有趣、图文并茂的人物和故事，将闪烁着永恒思想光芒的传统文化娓娓道来，有原文、有注释、有译文，还有开言引语和思考提示，这是知识传播，更是文化传承，是爱国主义教育，也是在社会治理现代化新的征程中基础的社会建设。

这个系列图书的出版对新时代"担当民族复兴大业时代新人"的精神养成具有重要的奠基性意义。

陆士桢
中国青年政治学院
青年发展研究院名誉院长

要告诉孩子们，做堂堂正正的中国人，应由了解孔子开始，因为孔子创下儒家学说，儒家又塑造了中国人以"孝、悌、忠、信、礼、义、廉、耻"八德为核心的基本价值观。孔子文化对青少年的作用是巨大的，给孩子焕发生机的土壤。认识孔子，更是要让他们找到自己、找到人生的方向。孩子们本来可以做得更好。

唐轶
中青在线副总编辑

"文化是民族的血脉，是人民的精神家园。"中华民族的祖先曾追求这样一种境界：为天地立心，为生命立命，为往圣继绝学，为万世开太平。

今天，人类正处在社会极速发展的时代，社会开放度增加、经济飞速发展，弘扬传统文化，已经是当代青年人所面临的一个非常严峻的问题。

我觉得需要社会、学校及家庭加强传统文化方面的教育，使之成为风气。

品读"国风小注"项目之"您好，先贤"系列图书不失为一条好的策略。这一系列图书深入挖掘了中华传统文化中孔子儒家思想的时代价值，能够提高青少年的思想道德素质和科学文化素质，让他们重温经典、回溯源头。学习、继承这些中华优秀传统文化的智慧，可以使中华传统文化基因代代相传，让文化自信融入每个人的血脉。

让我们一起品读"您好，先贤"系列图书，从这些优秀的典故中汲取精神力量吧！

玄成贵
齐鲁师范学院远程教育中心主任
山东省教师教育学会副秘书长

细细品读这一系列图书，让我仿佛回到了历史现场，感觉如同在与孔子同行……书里面的思想正是我们所需要学习的，因为这些思想观念深刻影响了我们的中华文化，能够更好地帮助年轻人提升自身美德，帮助青少年更好地认识我们所生活的国度。

翟荣刚
齐鲁师范学院中小学教师远程教育中心培训部主任

对于像《论语》这种说理性极强的古籍，今天的青少年读起来实属不易。虽然我们能看到一些译成现代白话文的经典文献，但大多数还是就句论句、硬译直译之作，读起来还是一知半解。

在"您好，先贤"系列图书中，不仅有对经典的释义，有久远的历史背景辅助理解文本，更难得的是，还有趣味盎然的人物小故事，以及引导青少年从自身思考的"思考提示"内容。

可以说，"您好，先贤"系列图书深入浅出、微言大义地告诉我们如何学习、如何孝顺、如何应对各种事物，等等。不管什么行业、什么身份、什么年龄的人，读后都会受益匪浅。闲庭信步读"您好，先贤"系列图书，智慧人生亦豁达。

卢丹
北京市海淀区民族小学数学组年级组长

《您好，孔夫子》以新颖的视角，拉近了青少年与传统文化的距离，让更多的青少年能与孔子面对面，近距离地感受孔子。这里没有说教，没有枯燥的内容，只有亲切的交流，让青少年在生动有趣的故事情节中汲取孔子的思想智慧，内修仁德，外显弘毅。《您好，孔夫子》撷取传统文化精华，激活传统文化生命力，创新表达形式与理念，浸润青少年心灵，为优秀传统文化的传承与发扬做出重要贡献。这样一本好书应尽快与学生们见面，我相信，在学校传统文化教育的教材中，它一定会成为最受欢迎的一本。

颜伟　山东省济宁市尼山中学校长

优秀的传统文化，是中华民族屹立于世界民族之林的骄傲，也是我们实现中华民族伟大复兴的重要支点。

但在长期的中小学基础教育中，具有时代鲜明特色、少年儿童喜闻乐见的传统文化图书是稀少的。

拜读"国风小注"项目之"您好，先贤"系列图书后，作为一名多年在基层从事教育工作的教师，感觉内容丰满，格调高雅，在活泼的语言中微言大义，实在是不可多得的一套青少年读物。

对图书的编撰人员表示敬意，对图书的整体构思以及各种呈现方式，无比期待。

随丽萍　山东省济宁市鱼台县第二实验小学副校长　济宁市特级教师

"天不生仲尼，万古如长夜。"孔子让"仁"和"礼"融入了中国人的血肉。他有教无类，被后人称为"万世师表"。

《您好，孔夫子》带我们走近这位伟大的圣人，了解他的生平、领悟他的思想、感受他生命的苦乐。书中内容取材于《论语》，采用生动有趣的语言，用故事展现孔子的一生。书中还穿插了丰富的知识，涵盖古代生活的方方面面，有助于小读者了解当时的历史背景。书中设置的提问环节，也能引发孩子们思考。可以说，这是一本知识严谨、形式有趣、颇有价值的图书。

——吴本文　云舒写教育CEO

孩子学习传统文化从哪里开始？《您好，孔夫子》一书是个不错的选择。它没有《论语》那么深奥，可以更快地培养孩子的兴趣；它从与孔子有关的一些小故事入手，让孩子种下梦想的种子。

古人常说：少年养志。这本书确实适合开启中国孩子的智慧，也是一部帮孩子建立信仰和理想的图书。

——范智超　资深媒体人　看鉴教育创始人

在中国历史上，春秋战国是思想和文化辉煌灿烂、群星闪烁的时代。其中，尤其以孔子、孟子、庄子等人的思想影响最为广泛。这些思想孕育了中华民族精神的根基，奠定了中国社会生活中的道德准则与习俗标准。

"国风小注"项目之"您好，先贤"系列图书，以一种活泼、立体、多面的方式，将这些先贤哲人及其思想观点带到我们面前，角度新颖，文风有趣。帮助孩子们近距离与先贤"对话"，多角度感知我国博大精深的国学底蕴。这是一套有温度、有态度、有思想的图书，推荐给大家！

黄任

"常青藤爸爸"儿童双语启蒙教育品牌创始人 CEO

目录

一	学不可已	1
二	最为老师	7
三	大儒之效	13
四	不可貌相	19
五	人之性恶	25
六	人道之极	31
七	成功在相	37
八	认知事物	43
九	天行有常	49
十	为君之道	55
十一	富国裕民	61
十二	寓教于乐	67
十三	严于律己	73
十四	惰然心择	79
十五	垂范后世	85

您好，荀子 一

学不可已

盛夏总显燥热，入夜稍有清凉。这天晚上，荀子召集弟子韩非、李斯和陈嚣(xiāo)来家中闲聊。

三人来到荀子书房，施礼问候老师。荀子便示意弟子们随意坐下，说："今天不是什么正式的开讲场合，大家随意放松一些吧。"

大家坐定之后，荀子便让家人捧出新酿的米酒为三位学生斟(zhēn)满。"酒酿新成，请大家品尝，以消暑热。"荀子举杯劝道。开始大家还有些拘谨，三杯之后，气氛慢慢活跃，话也就多了起来。荀子这时对学生们说："开始大家有点儿放不开，喝了几杯之后，就好多了。人们聚会喝酒时往往如此，似乎这是个规律呀！你们最近有没有注意到身边有什么有意思的现象呢？"

也许是几杯酒的作用，韩非也不怎么结巴了。他放下杯子，抢先发言："老师，弟子来之前刚看到'滴水穿石'的说法，说的是从屋檐滴

开言引语

荀子是中国古代历史上非常著名的老师。这篇故事是通过一次师生对话，讲人的一生需要不断学习知识的道理。学习不是一蹴而就、盲目蛮干的事情，而是要坚持不懈、专心致志，并遵从事物的规律。荀子著名的《劝学》篇表达的就是这一思想。

学不可已

下来的水，竟能把石阶'凿'出一个小坑。弟子心中久久不能平静，想来做事肯下功夫，必然能够达到目的。"

荀子点头微笑，向李斯与陈嚣投去询问的眼神，期待两个弟子能够说说心里的想法。李斯开口说道："蚯蚓没有锋利的爪子与牙齿，却能够在坚硬的土地中生存，上能吃到地面的食物，下能喝到地下的泉水，想来就是因为它心无旁骛(wù)、专心致志。它如此柔软、弱小，却能顽强生存，实在是令人动容。"

陈嚣接着说："弟子听说，螃蟹虽然有六只足和两只坚硬如钳子似的大螯(áo)，却用心浮躁，不肯筑穴，只能住在蛇和鳝鱼的旧洞穴里。螃蟹的身体坚硬、刚强，筑一处洞穴对它来说是极其简单的事情，

可它竟然不肯下丝毫力气，实在是懒惰（duò）、无知！"

话音一落，师徒四人都笑了。

荀子说："如同为人处世一样，如果不能潜心钻研，便不能有洞察一切的聪慧；如果不甘心长期默默无闻地做事情，就不可能取得显要的功勋（xūn）。在歧路上彷徨（pánghuáng）的人永远不会到达目的地；两只眼睛不能同时看向两处而清楚两处的情况。坚定、专一，才是君子的处世之道！"

李斯一脸迷茫地问荀子："老师，我也明白做事情要专一，我正是这样做的。但是，却长久地没有收

知识拓展

古代汉语中，"可"与"以"结合得不像现在这样紧密。"可"意为允许、能够、值得、适合等；"以"则与其后面的代词、名词或名词性结构构成介宾短语。

再如：他山之石，可以为错。（《诗经·小雅·鹤鸣》）

注释：错：砺石，用来打磨玉器的石头。

译文：别的山上采来的石头，可以作为砺石用来打磨玉器。

【学不可已】

知识拓展

教贵以专，学亦贵以专。知识和技能的学习，需要专心致志，强调"好学而不二"。"三天打鱼，两天晒网"，自然是难以学有所成。西汉前期的董仲舒，年轻时学习钻研《春秋》，废寝忘食。《汉书·董仲舒传》记载他："三年不窥园，其精如此。"董仲舒能以儒家思想为根本，兼容多家，终成一代经学大师。

到效果。我想，是不是我坚持的方向不对，要不然怎么会毫无成效呢？"荀子知道李斯有很大的抱负，将来必然会成就一番功业。荀子看向韩非，说："这个问题，韩非早年也问过我，现在，他或许可以代我回答。"

韩非早李斯几年拜荀子为师，作为师兄，向师弟解惑自然责无旁贷。他看向李斯，说道："谁都会有困惑迷茫的时候。如果坚定了目标，就要踏踏实实地做事，哪怕暂时看不到成果。只管耕耘(yún)，不问收获，坚持不懈地做下去，必然有实现目标的一天。"

荀子很满意韩非的回答，接着说道："万事万物的运行发展都是有规律的，通过不懈的学习，可以掌握和运用规律来成就事业。仁人君子和普通人本质上没有什么差别，只是仁人君子更善于借助条件、运用规律罢了。所以人的一生应该是在不断的学习中度过的。"

讨论完毕，大家不由得陷入沉思……

故事延伸

学习就是一个不断获取知识和技能的过程，应该伴随人的一生。古今中外成就大事业的人，莫不如是。唐代散文家韩愈在《师说》中说"人非生而知之者"。知识是人类认识自然和社会的成果、结晶。毛泽东说过，自从有阶级的社会存在以来，世界上的知识只有两门，一门叫作生产斗争知识，一门叫作阶级斗争知识。自然科学、社会科学，就是这两门知识的结晶，哲学则是关于自然知识和社会知识的概括和总结。

思考提示

1. 人生哲理总是蕴含在生活的点点滴滴之中。试着找一下故事中都提到了哪些生活小事？

2. 你有留心生活、仔细观察和动脑思考的习惯吗？

3. 和身边的朋友分享你对生活小事的感悟吧。

原文

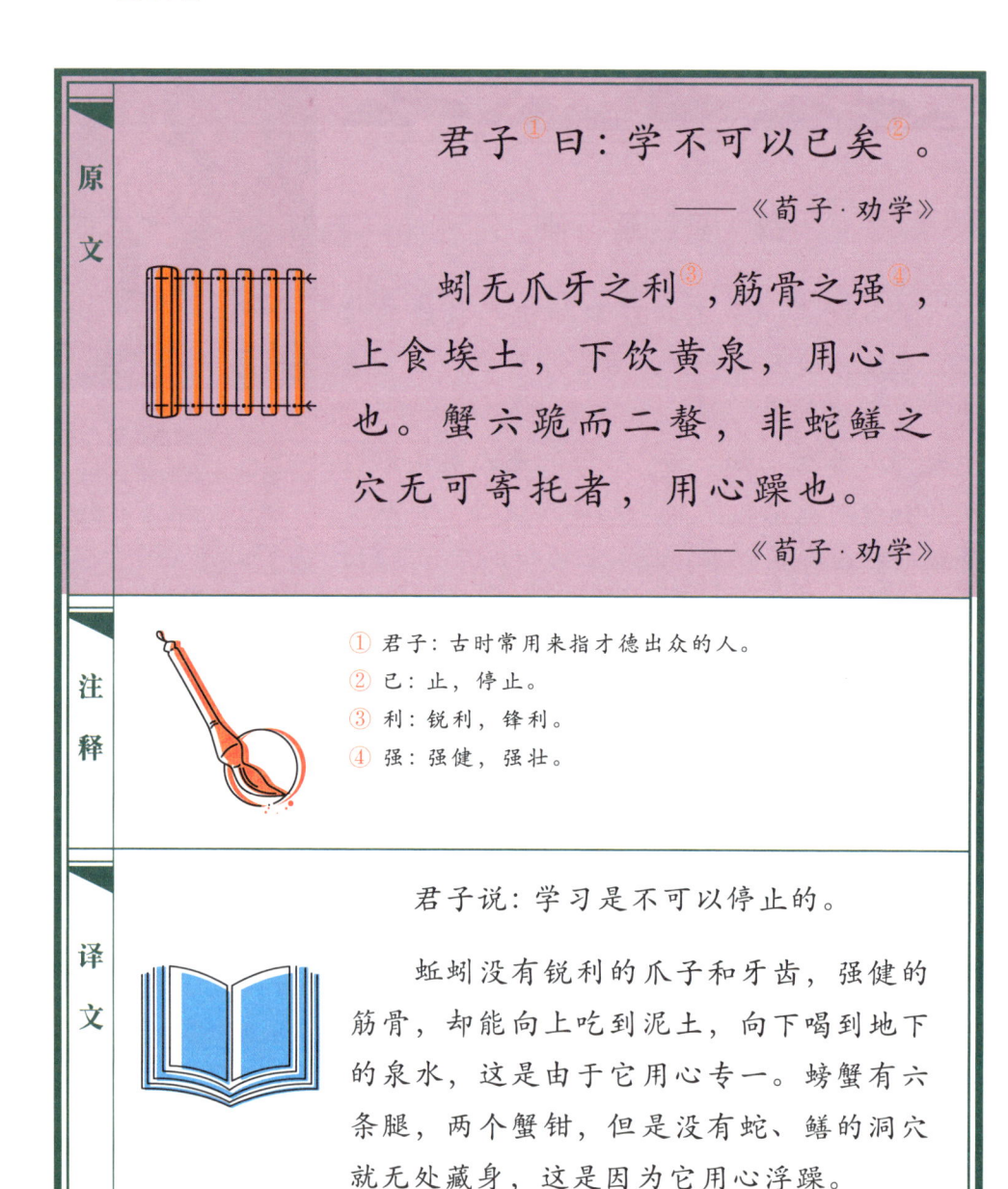

君子①曰：学不可以已矣②。

——《荀子·劝学》

蚓无爪牙之利③，筋骨之强④，上食埃土，下饮黄泉，用心一也。蟹六跪而二螯，非蛇鳝之穴无可寄托者，用心躁也。

——《荀子·劝学》

注释

① 君子：古时常用来指才德出众的人。
② 已：止，停止。
③ 利：锐利，锋利。
④ 强：强健，强壮。

译文

君子说：学习是不可以停止的。

蚯蚓没有锐利的爪子和牙齿，强健的筋骨，却能向上吃到泥土，向下喝到地下的泉水，这是由于它用心专一。螃蟹有六条腿，两个蟹钳，但是没有蛇、鳝的洞穴就无处藏身，这是因为它用心浮躁。

最为老师

开言引语

盛夏时节，万物生机勃发，绿草绵延无边，野花肆意绽放。

一辆马车驶过，停在小河边上。马车上下来一个年轻人，回身施礼说："老师，我们在此处休息一会儿吧。反正再过半天工夫就可以到稷下学宫了。"

车上下来一位大约五十岁的中年人。只见他瘦瘦高高的个子，面容温和，穿着整齐大方，一举一动皆彰显了其儒雅的气质。这人正是荀况，人们尊称他为荀子。这个十四五岁左右的小伙子，就是他的弟子——韩非。韩非是韩国的贵族公子，听说了荀子的大名，特意追随荀子，拜他为师，以寻求救国之道。荀子对韩非很是喜欢，他知道这个志向远大的年轻人将来必会有所成就。

荀子与韩非在河边的树荫处坐下。韩非从包袱里拿出干粮，挑了一个最大的馍馍给老师，

《礼记·学记》说："独学而无友，则孤陋而寡闻。"本篇故事中说到的"稷下学宫"，在当时就是一个影响巨大的学习和交流平台。在这里，老师悉心传授，朋友争论切磋，取长补短，教学相长。老师的正确引导可以使学生收到事半功倍的效果，社会尊师重教可以使时代获得源源不断的发展动力。

知识拓展

在文言文中,"故"这个字的意义非常丰富。仅就作为连词而言,就有于是、反而、假如、犹则、因而等义项。原文中"故……"是引导一个因果关系的复句,表结果。

再如:求也退,故进之;由也兼人,故退之。(《论语·先进》)

注释:求:冉求,字子有,孔子弟子。退:怯懦。故:所以。由:仲由,字子路,孔子弟子。兼人:勇,刚强。

译文:冉求禀性柔弱退让,所以激励他进取;仲由莽勇,所以抑制劝诫他。

自己只拿了一个又硬又小的来吃。韩非问荀子:"老师,齐国的稷下学宫是什么样子的呢?我只听说那是一个规模庞大的学宫,栽满了奇花异草,如同天上人间。"荀子微微一笑,说:"是呀,不止如此。那里的书房很大,简帛繁多,应有尽有。那里的讲坛很大,每次有人授课,一排排地坐满了人。学宫里的人来自四面八方,大家不分国籍,不论门派,言论自由。即使观点

您好，荀子 (二)

不同，也并不排挤对方。那是一个可以自由辩论的地方！"

韩非问："早就听闻稷下学宫名家辈出，淳于髡(chún kūn)、孟子、田骈(pián)、接子、屈原等，都曾是学宫里的人。老师，您是什么时候去的那里，和谁一起去的？"

小河里的水清澈见底，不时有鱼儿在水中嬉戏。荀子看着欢快的鱼儿，陷入了回忆之中。他说："我很早的时候就仰慕宋钘(xíng)老夫子的才学。那时我才十二岁，就莽莽撞撞地求见他，请求他收我为徒，老夫子竟然答应了，我真是太幸运了。我第一次去稷下学宫，就是他带我去的。那一年，我才十五岁。"荀子的语气由欢快突然变得沉重，他叹了长长的一口气，说："可惜呀，老夫子已经离开这乱世很久了。"

最为老师

【最为老师】

知识拓展

人类文明的传承、知识技能的学习，都离不开老师的教诲和传授。在中华文化传统中，为师者的地位一直十分崇高。《礼记·学记》中说："凡学之道，严师为难。师严然后道尊，道尊然后民知敬学。"尊师重道是民族振兴的重要基石。

韩非见老师有点儿不开心，就故意转移话题说："老师，您还记得我初次见您的情形吗？我当初请求拜您为师的时候，心里特别紧张，说话越发地不利索，憋得满脸通红。当时真是特别担心您会因为我口吃的毛病而不肯收我。"想到那场面，师徒二人不约而同地笑了。荀子说："人无完人，口吃不算什么，你现在说话不是好多了？再说了，你手脚利索，脑子活络，写字又不慢！"

片刻之后，师徒继续赶路，不久就到达了稷下学宫。学宫门口站满了迎接荀子的人，就连齐王建都亲自前来迎接，场面隆重而热闹。原来，荀子在齐国待了很多年，是个很有声望的人物。齐王建的父亲齐襄王在世时就很看重荀子，称赞荀子为"最为老师"，意思是荀子是最能担得起"老师"这个称号的人。并且，齐襄王曾两次让荀子担任"祭酒"的职位，也就是请他做学宫的首领。

齐王建为荀子准备了接风的晚宴。宴席之上，推杯换盏（zhǎn），言笑晏晏。荀子也有些微微醉了，他觉得自己的想法和抱负，能够与周围的思想者们交流，能够传授给学生们，真是件快乐、有意义的事情！

故事延伸

稷下，是指战国时期齐国都城临淄城的稷门附近。从齐桓公时起，在稷下设立学宫。稷下学宫是由齐国官方举办、由著名学者主持的学术机构。学宫汇集了当时各家学派的精英人物。他们互相争辩、学术自由。战国时期出现的"百家争鸣"现象，就是以稷下学宫为中心推广而来的，影响极其深远。荀子是稷下学宫的最后一位大师，数十年间曾三次做"祭酒"一职，在当时的学术思想界地位很高。"祭酒"，本意为古代飨宴时，酹酒祭神的长者（因此皆为德高望重者）。汉魏以后专指官办最高学术机构的主管官员，后亦以之泛称文坛、艺坛，或学术界、文化界的首脑人物。

思考提示

1. 学习需要有正确的努力方向，你找对自己的方向了吗？

2. 每个人的成长都离不开师友的帮助，你记忆犹新的老师或朋友是谁？

3. 你理想中的老师是什么样子的？

原文

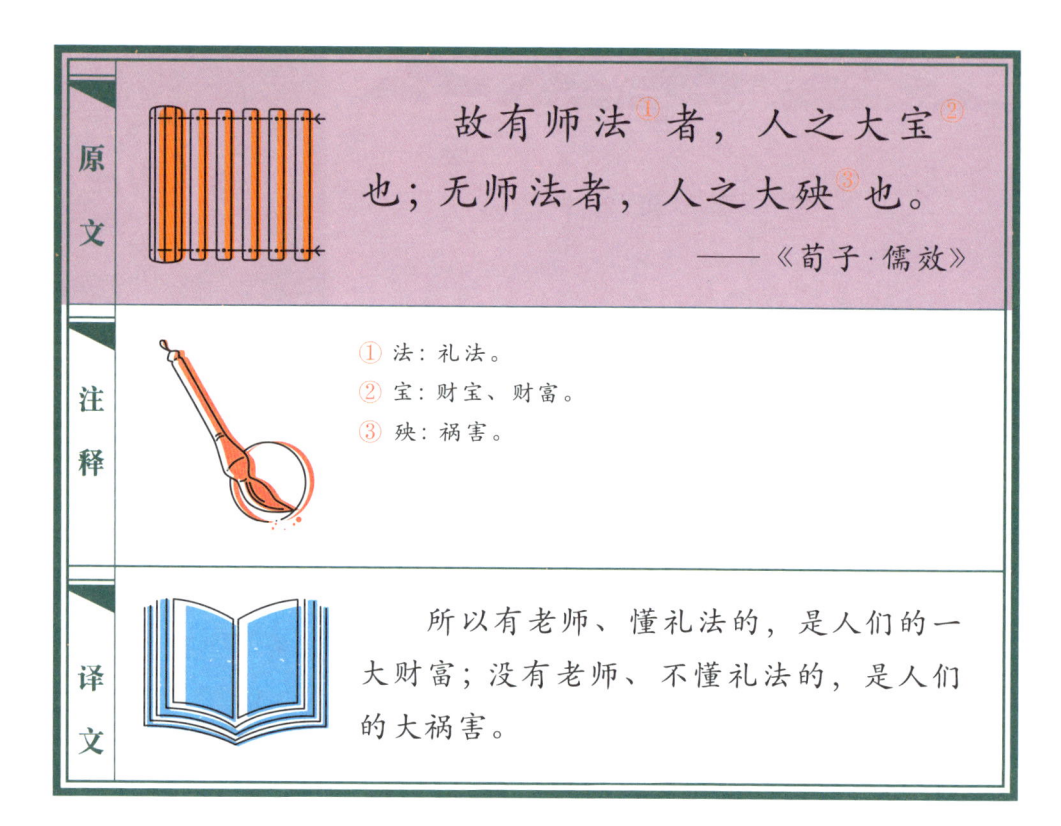

故有师法①者，人之大宝②也；无师法者，人之大殃③也。

——《荀子·儒效》

注释

① 法：礼法。
② 宝：财宝、财富。
③ 殃：祸害。

译文

所以有老师、懂礼法的，是人们的一大财富；没有老师、不懂礼法的，是人们的大祸害。

您好，荀子 三

大儒之效

荀子在列国之中名声越来越大，就连不太信奉儒家学说的秦昭王，也期盼能有机会与荀子交流。因此，秦昭王一打听到荀子在秦都咸阳，就很快召见了荀子。

两人面对面地坐在花园的小亭子里，秦昭王屏退众人，与荀子展开了一席长谈。

秦昭王问："儒士对于国家有什么用处呢？"

荀子作为一个"儒士"，并没有因为秦昭王这样略有挑衅(xìn)意味的问法而感到气愤，他心平气和地回答："大王，儒士是效法古代帝王、尊崇礼义、谨守自己的职责，并且敬重君王的人。如果君王任用他们，他们会是称职的臣子；如果不被任用，他们会是诚实、恭顺的百姓。即使处境艰难、挨饿受冻，他们也绝不会为了满足自己的私欲而采用不正当的手段。即使住在偏僻街巷的小房子里，没有人认识他们，他们也

开言引语

正道需要坚守，正气需要弘扬。这篇故事生动地表达出了荀子的观点：儒士在社会格局中应该有的操守和使命，即做到"穷则独善其身，达则兼济天下"。每一个时代都需要这样的中坚力量，以获得社会稳定和进步的支撑。儒士的达成需要不断地提高品德修养，不停地学习进步，即"修己以敬，修己以安人，修己以安百姓"。

会始终以君子的行为准则来约束自己。您可听说过孔夫子的事情？一听说他将要担任鲁国司寇(kòu)，当地的沈犹氏再也不敢在卖羊的早晨把羊喂饱以增加重量了；公慎(shèn)氏休掉了他不守妇道的妻子；卖东西的人也不故意抬高物价了。道德败坏的人都端正了自己的行为，以等待孔子的到来。这便是儒士的用处。"

秦昭王又问："那么，儒士身居高位会如何呢？"

荀子回答："儒士居于高位，那作用自然更大了。如果他是位忠诚、仁爱、利民的君王，那么人们就会信任他、喜爱他、歌颂他。即使在远处，也会前来投奔他。就像《诗经》里说的，'从西到东，从南到北，没有不归顺他的'。"

秦昭王很开心，说："说得好！"

荀子继续说："周武王去世时，他的儿子成王年纪尚小，周公就辅佐成王治理天下。他这样做，是担心有人背叛周王朝。他能内心坦荡地治理政事，就像他本来就是帝王一样。他教诲、开导成王，使其明白治国的方法。成王二十岁举行了加冕(miǎn)礼，终于长大成人了，周公就马上把王位还给了他。这也是儒士行为的体现。"

秦昭王又问："那怎么做才可以成为儒士呢？"

知识拓展

文言文中，否定句代词宾语前置，是很常见的语法现象，即在否定句中，当宾语为代词时，代词宾语放在动词之前、否定词之后。如原文中的"非圣人莫之能为"，就是这个用法。

再如：（诸葛亮）每自比于管仲、乐毅，时人莫之许也。（《隆中对》）

注释：莫之许，就是"莫许之"。莫：没有人。之：代词，指诸葛亮"自比于管仲、乐毅"这件事。许：承认、同意。

译文：（诸葛亮）常常把自己比作管仲、乐毅，当时的人都不承认这件事。

您好，荀子 三

大儒之效

【大儒之效】

知识拓展

一个人在成长的道路上，总会遇到挑战，遭受挫折。只有意志坚定，理想远大，为大众谋福利的人，才能不畏困难，不改初心。孔子说过："君子固穷，小人穷斯滥矣。"疾风知劲草，路遥知马力。君子可以做到穷且益坚，不坠青云之志。

荀子回答："除了通过勤奋学习，我实在想不出更好的办法。通过学习，可以由卑贱变得高贵，由愚昧变得智慧，由贫穷变得富有。能把所学的东西记在心里，并且努力付诸实践，那就是君子的行为。如果能精通学到的东西，那就是圣人了。既然通过学习能有成为君子与圣人的可能性，那为什么还要停滞不前呢？"

"妙呀，妙呀！"秦昭王忍不住赞叹，"真是听君一席话，让人明白了很多道理啊！"

秦昭王挽留荀子在秦国小住几天，还专门派他的相国应侯范雎(jū)带着荀子在秦国各处走走看看。荀子一路上兴致勃勃，丝毫没有掩饰对于秦国山川风物的喜爱，不住地称赞秦国风景秀美、地大物博。荀子认为秦国的强大不是偶然的，但他也觉得这样一味地厚赏重罚并非长久之计。

您好，荀子 三

故事延伸

孔子有一个十分得意的弟子，名叫颜回。颜回天资聪颖、勤奋好学，然而孔子更欣赏的，则是他"安贫乐道"的品质。孔子曾说："贤哉回也！一箪(dān)食，一瓢饮，在陋巷，人不堪其忧，回也不改其乐。贤哉回也！"（《论语·雍也》）颜回居住在陋巷之中，每餐仅一碗饭、一碗水。这样的日子，别人未免觉得清苦，但颜回却依然每天乐在其中、逍遥自在。

思考提示

1. 根据故事内容，说说儒士在社会中的作用有哪些？

2. 如果儒士身居高位，又会如何？

3. 怎样才能成为儒士？

4. 你认为儒士在当今社会过时了吗？

大儒之效

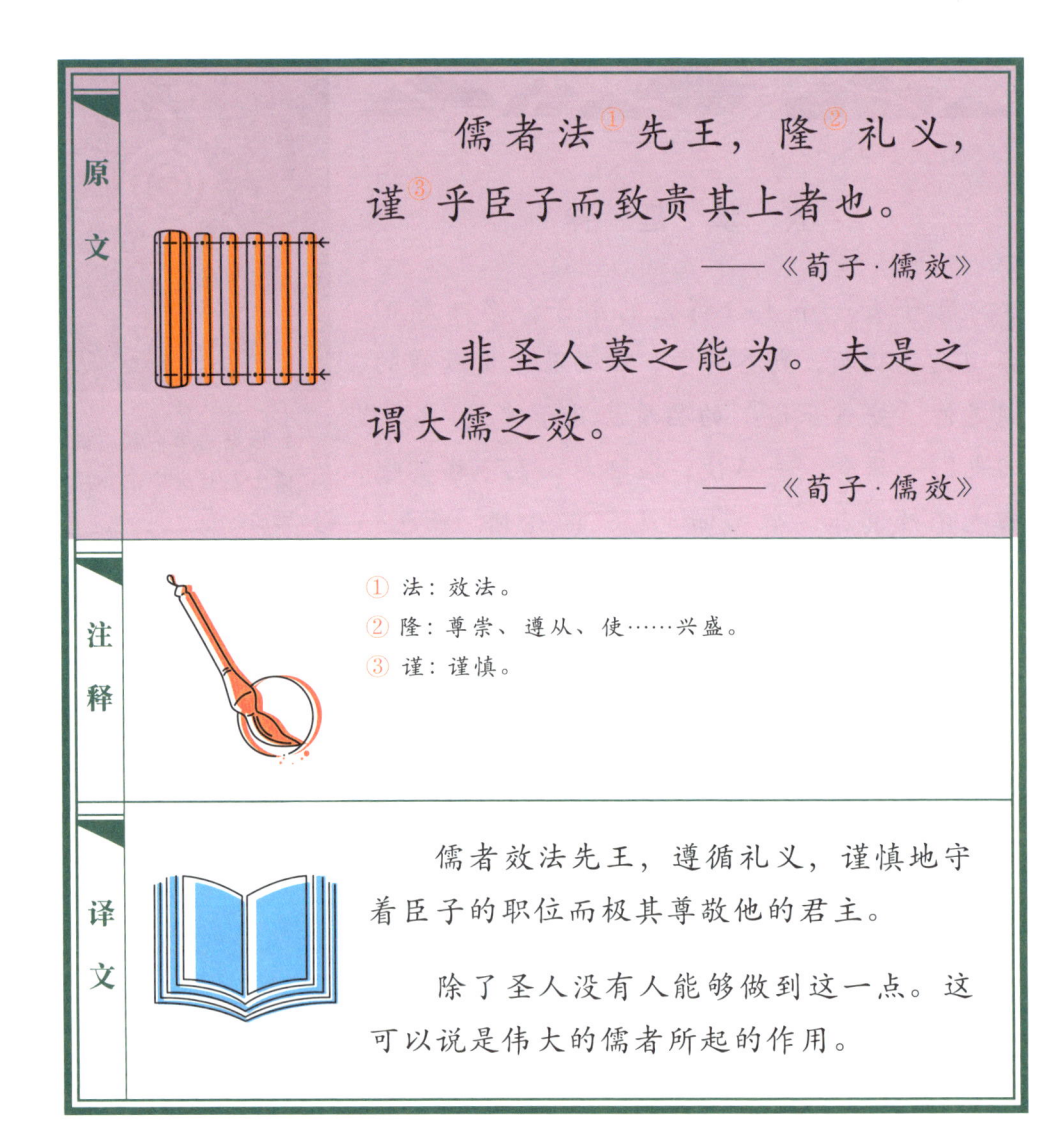

大儒之效

原文

儒者法①先王，隆②礼义，谨③乎臣子而致贵其上者也。

——《荀子·儒效》

非圣人莫之能为。夫是之谓大儒之效。

——《荀子·儒效》

注释

① 法：效法。
② 隆：尊崇、遵从、使……兴盛。
③ 谨：谨慎。

译文

儒者效法先王，遵循礼义，谨慎地守着臣子的职位而极其尊敬他的君主。

除了圣人没有人能够做到这一点。这可以说是伟大的儒者所起的作用。

不可貌相

您好，荀子 四

开言引语

人们在社会交际中，首先看到的就是对方的相貌。习惯上，大家会用"相貌堂堂"之类的褒义词来形容正面人物，而用"贼眉鼠眼"之类的贬义词来形容反面人物。但现实社会不是简单的二元对立，真正了解一个人有时要复杂得多。这篇故事告诉人们，以貌取人不可靠，相貌有时会有一定的欺骗性。

　　一天，众人看到毛亨蹦蹦跳跳、心情很好，就有人询问他缘由。毛亨回答："昨天傍晚，我在集市上行走，看到了一个相面摊。于是，我就去相了一面，那人说我将来能在文学方面取得大的成就呢！"说到这里，他忍不住嘿嘿笑了起来。过了一会儿，他努力克制，使自己冷静下来，问道："我想请问老师和师兄弟们，看相到底可不可信？"

　　陆贾说："通过观察人的相貌体态来推测他的祸福，或许是可信的吧。古时候就有一个叫姑布子卿的人，现在的魏国也有一个叫唐举的人，据说他们通过人的容貌、体态、面色就能推断出这人的吉凶祸福，挺灵验的。"

　　陈嚣笑着摇摇头，问道："两位师弟，那我问你们：如果一个人相貌丑陋，但是他很有想法，为人处世也很好；另一个人呢，相貌很好看，但

是不学无术，整日游手好闲。那么这两个人的吉凶祸福如何呢？"毛亨与陆贾面面相觑（qù），答不出话来。

韩非说："尧帝身材高大，和他同样享有盛名的舜帝却身材矮小。孔夫子的身材高大，他的弟子冉有却身材矮小。从前，卫灵公有个大臣叫公孙吕，身长七尺，光脸部就三尺长，额头有三寸宽，但是他的名声震撼天下。"

李斯补充道："楚国大夫叶公子高，身材瘦弱矮小，走路时几乎连衣服都撑不起来。但是，在白公胜作乱的时候，令尹子西、西马子期都死在了战乱中，他却带领士兵进入楚国都城，杀死白公胜，使楚国安定下来。对于他来说，做这些事情就好像是翻一下手掌那样容易。凭借高矮、胖瘦、美丑等形体样貌，怎么能判定一个人呢！"

毛亨和陆贾恍然大悟。毛亨说:"听说暴君夏桀和商纣,他们的相貌是天底下超群出众的,体魄也敏捷有力,足以对抗数百人,但是他们死状悲惨,还亡了国家。后世一想到暴君和昏庸的帝王,常常要拿他俩来做例子。"

陆贾说:"众位师兄弟言之有理。我看那些轻薄巧言的少年,没有一个长得不美丽妖艳的。他们穿着怪异的衣服,涂抹着厚厚的脂粉,连神情、态度都像女人一样。当他们作乱被捕后,他们的父亲以有这样的孩子为耻,哥哥以有这样的弟弟为耻。他们自己可能也会号啕大哭,

知识拓展

原文中的"岂……也哉"是文言文中常见的反问句式,属于用疑问的句式表达肯定的立场,语气上较普通陈述句要强烈。"岂"的意思是难道、怎么、哪里,表示反问。"也哉"是语气助词,相当于"吗""呢"。

再如:岂独伶人也哉?(欧阳修《新五代史·伶官传序》)

注释:伶人:指演艺人。

译文:哪里仅仅是伶人(导致的)呢?

【不可貌相】

知识拓展

人的相貌更多地来自于父母的遗传，但人的神情气质则主要是靠后天的学习和修养形成，而后者才是一个人精神风貌的主体。《后汉书》记载，有一个叫梁鸿的太学生，非常有才华。但是他娶妻却避开了不少名门闺秀，选择了"肥丑而黑"的女子（孟光），主要就是因为二人志同道合。所以他们生活在一起能够相敬如宾、举案齐眉。

为曾经的行为而感到后悔。"

荀子说："看来大家对于看相这个事情已经有了正确的认识。个人的高矮、胖瘦、美丑等外形的不同，并不能决定人的吉凶祸福，以相貌论人，不如以思想、意志论人呀！"

毛亨走到荀子身边，轻声问："老师，那看相人是怎么觉得我在文学方面会有所成就的呢？我喜欢《诗经》，也立志于好好地研究它，将来我肯定会在这方面取得成绩。"荀子笑而不语。李斯回答："师弟呀，你活泼、聪明、好奇心强，遇到事情非要弄个明白。你坚定了志向，就会努力使它变成现实。看相人只是套了你的话，并且顺着说罢了。"毛亨点点头。李斯又问："师弟，给你看相的人收了你几文钱呀？"毛亨红着脸，伸出了三根手指。李斯说："师弟，有那个钱，还不如买本《诗经》看呢！"众人哄笑着散去了。

故事延伸

汉武帝很是迷信。他在位期间，有一个擅长相面的人，他派人将相面人召进宫中，想得知自己能活到多少岁。相面的人阿谀(ē yú)奉承，对武帝说："人中长一寸，寿命就长百岁，陛下福寿无疆！"相面人说罢，东方朔大笑，武帝很生气。东方朔连忙解释："微臣并不是在笑话陛下，而是在笑彭祖呢！据说彭祖活了八百岁，那他的脸得有多长啊！"

思考提示

1. 故事中有哪些例子，说明不可以貌取人呢？

2. 论人的正确标准应该是什么？

3. 你认为人的相貌和内心是什么样的关系呢？

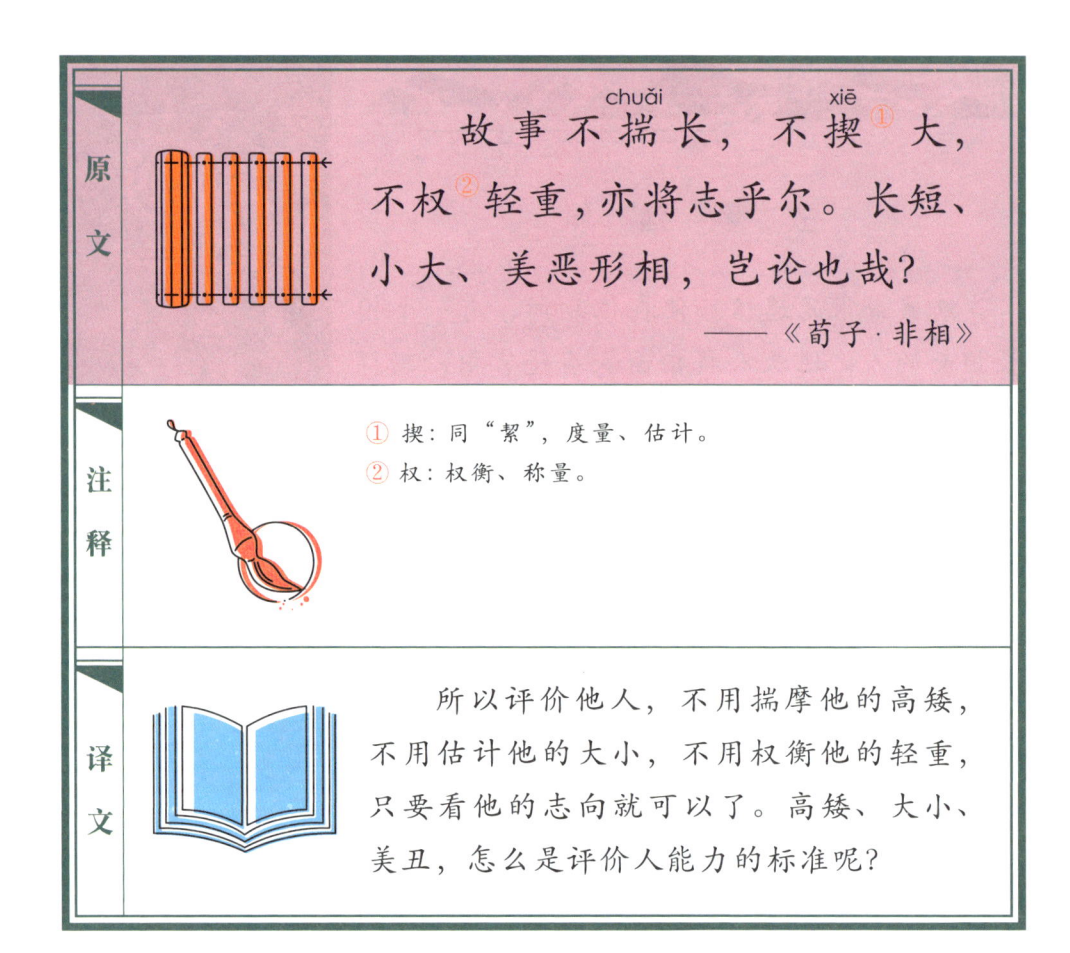

不可貌相

原文

故事不揣长，不揳①大，不权②轻重，亦将志乎尔。长短、小大、美恶形相，岂论也哉？

——《荀子·非相》

注释

① 揳：同"絜"，度量、估计。
② 权：权衡、称量。

译文

所以评价他人，不用揣摩他的高矮，不用估计他的大小，不用权衡他的轻重，只要看他的志向就可以了。高矮、大小、美丑，怎么是评价人能力的标准呢？

人之性恶

您好，荀子 五

开言引语

"横看成岭侧成峰，远近高低各不同。"现实中的同一个问题，不同的人常常会有不同的答案，这主要是大家分析问题的角度、高度各异所致。对于人性的思考，一直是先秦时期思想家们的核心议题。这篇故事中，荀子认为"人性本恶"，人的欲望如果不加约束，就会泛滥成灾，所以需要后天的礼仪和教化。

一天，毛亨与张苍二人气势汹汹地小跑到荀子面前。荀子微笑，知道这两个孩子一定又是因为什么问题闹矛盾了。

毛亨首先开口："老师，您认为'人性本善'还是'人性本恶'？我知道您是孔老夫子学说的继承人，与您同样承继孔老夫子学说的孟老夫子就认为'人性本善'。想来，孟老夫子的观点对您也是有一定影响的，您也同样认同'人性本善'吗？"

张苍急忙站到毛亨面前，正对着毛亨说："你怎么总改不了冒冒失失的毛病！我都告诉过你了，老师说过'人性本恶'，这可是我亲耳听来的，我怎么可能骗你呢？"毛亨又说："可是，一百年前的孟老夫子提出了'人性本善'的观点……"

荀子慈祥地看着两个弟子，慢条斯理地问："小孩子一出生就会吃东西，如果饿了，就会哇

哇大哭，吃饱了才会安静地睡去，对吗？"毛亨立刻回复："是呀，饿了就哭，吃饱了就好啦！""那这表明小孩子生下来就有吃东西的欲望，对吗？"荀子反问。毛亨思索片刻，点了点头。

荀子又说："眼睛喜欢观看美好的景色，耳朵喜欢聆(líng)听悦耳的声音，嘴巴喜欢可口的食物，身体疲惫了就需要休息。这些都是出于人的天性，并不需要后天的学习。"张苍附和："对呀！人呀，饿了就想吃饭，渴了就想喝水，困了就要睡觉。这是人的本性，天生的。"毛亨说："我饿了的时候是很想吃东西，可是看到家里长者还没入座，我就会等一等。我累了是想休息，但一看到父母兄弟依然在田间劳

您好，荀子 五

人之性恶

作，我就不肯停下来休息，坚持干活。"荀子问："你为什么要这样做呢？"毛亨回答："老师您一直教诲我要孝顺，要懂礼节，我铭记在心，并时刻督促自己。"荀子与张苍都向毛亨投去赞赏的目光。

荀子说："欲不可纵，如果放纵了喜欢美好事物的天性，那么就会出现争夺的现象，则体现了人性中的恶。如何去避免人性中的恶呢？这就需要人后天的学习。"张苍说道："正如两个兄弟分财产，如果顺着人喜欢好东西的天性，那么两人就会互相争夺。但如果他们受过文明礼义的教化，就会谦让，想要把好的东西留给对方。"

毛亨问荀子："老师，弟子之前读《孟子》，得知孟老夫子认为人性本善，而善良的本性后天会慢慢丢失，只有通过不断的学习，才能保持。弟子深以为然，一直努力读书，以君

知识拓展

"之"是文言文中常用的语气助词之一，后来人们甚至常用"之乎者也"来指代文言风格的文章。原文中"人之性恶"中的"之"表示前后成分的领属关系，并可以调整音节，强调后者的从属地位。

如：古之学者必有师。（韩愈《师说》）

译文：古时候求学问的人一定有老师。

饥餐渴饮、趋利避害等，是基本的人性。但是只有大丈夫才能做到"富贵不能淫，贫贱不能移，威武不能屈"。孔子说过："性相近也，习相远也。"这就强调了后天的学习和修养，才是一个人能否成才的关键。为国家、民族、社会而不懈努力，才是实现自我人生价值的正确道路。

人之性恶

子之行约束自己。如今听老师说人性本恶，要通过老师的教导与礼义的教化才能心地纯良。弟子愚昧，认为两种说法似乎都有道理，一时间竟然分辨不出对与错。"张苍愕然，觉得毛亨竟敢对老师当面提出质疑，生怕老师发怒。想不到荀子不怒反喜，他开心地拍拍毛亨的肩膀，说："我不是独裁的老师，并不希望我的学生们都把我的话当作真理。永远保持着自己的思考，这才是我希望你们做到的。"说罢，荀子就走开了。

毛亨与张苍待在原地站了好长一会儿才离开。或许，他们对于人的本性是善还是恶依然有不同的看法，但可以肯定的是，他们对于老师的钦佩之情是绝对一致的。

您好，荀子 五

故事延伸

晋时，有个叫周处的年轻人。他的父亲在他年幼时就去世了，母亲特别溺爱他，什么都顺着他的脾气来。久而久之，周处变得凶悍而暴力，到处惹是生非。村里的人都很讨厌他，认为他是村里的祸害。

一次，周处在田边玩耍，碰到邻居张老汉正在长吁(xū)短叹。周处问他："你看今年收成多好，你怎么还不高兴？"张老汉回答："三害未除，怎么能高兴起来呢！"周处又问："三害是什么？"张老汉答："蛟(jiāo)龙、猛虎和周处！"周处听了，气得转身离开。过了一会儿，他开始反思这些年的不当行为，决心改头换面，成为一个有用的人。后来，他杀死了蛟龙、猛虎，并开始认真读书。再后来，他受到朝廷的重用，成了让人钦佩的贤者。

思考提示

1. 毛亨和张苍因为什么而争论？

2. 对于学生的质疑，荀子是什么样的态度？

3. 你在生活中是如何对待自己的强烈爱好（如美食、游戏等）的？

人之性恶

人之性恶

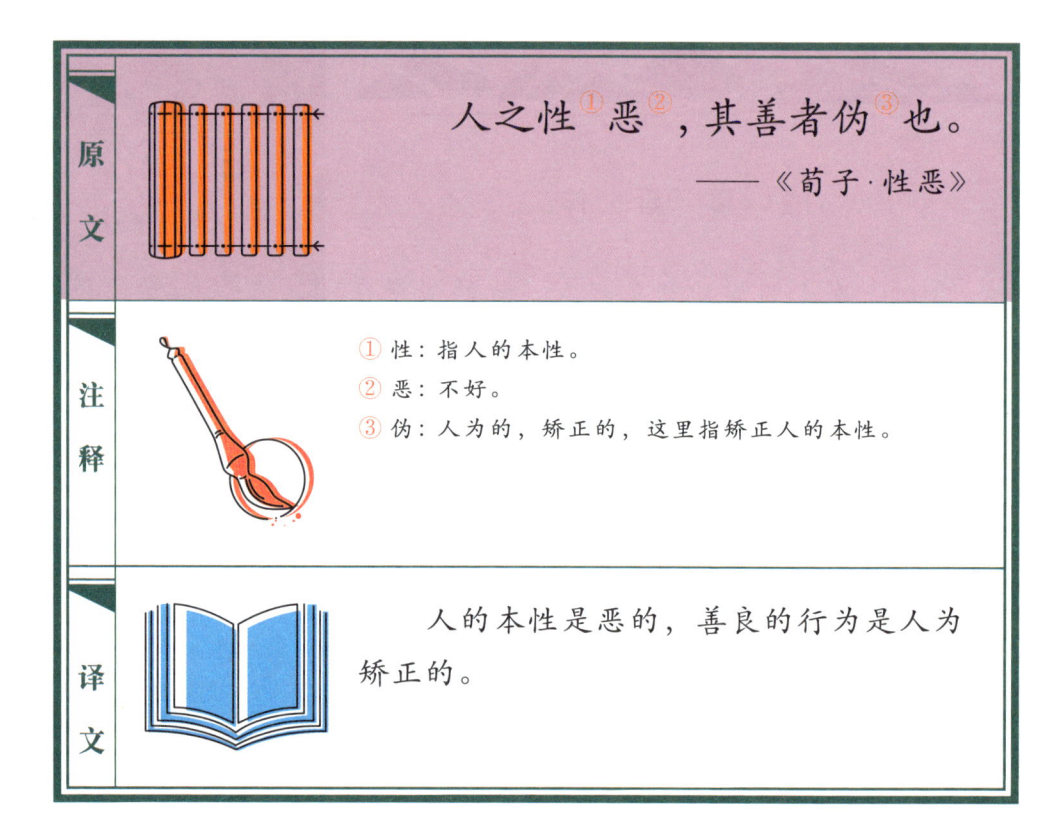

原文

人之性①恶②，其善者伪③也。
——《荀子·性恶》

注释

① 性：指人的本性。
② 恶：不好。
③ 伪：人为的，矫正的，这里指矫正人的本性。

译文

人的本性是恶的，善良的行为是人为矫正的。

人道之极

您好，荀子 六

开言引语

齐王建即位的第六年，秦国扬言要攻打赵国。但其实秦王是这样盘算的：齐国、楚国与赵国向来交好，如果齐国与楚国都去救援赵国，那么秦国暂时难以抗衡三国的力量，就索性退兵；如果三国此时并不亲近，那么就可以进攻赵国了。

齐王建犹豫不决，不知是否要向赵国施以援手。若是帮助赵国，那么就是与强大的秦国为敌；若是不去救援，秦国打败了赵国，下一个或许就要来攻打齐国了。他拿不定主意，决定向荀子请教，看看荀子意见如何。

荀子正在与韩非、李斯等人谈论《诗经》中的一篇，突然听到一声"大王到！"，荀子等人连忙起身迎接。齐王建说："荀夫子与各位都坐下吧，打扰你们读书了。我有一个问题纠结很久了，特来向夫子求教。"于是，他便把是否救援赵国的困惑说了出来。

事物普遍联系，人与人形成的关系总和构成社会。天下大同、和谐万邦，需要符合社会整体利益的行为规范，这就是礼。儒家思想中，仁、义、礼是密切融合在一起的，既表现在邦交关系的处理上，也表现在国家治理的方方面面。这篇故事中，荀子师徒对于齐国是否应该联合楚国，援赵抗秦的形势分析，突显出儒家注重礼节诚信的思想基础。

荀子思索片刻，说："齐、楚、赵三国一向交好，三国的兴衰存亡息息相关。此次秦、赵两国似乎要倾尽全力拼出个你死我活，实在要好好考虑才行。韩非、陈嚣，不妨谈谈你们的想法。"

众人沉默了一会儿。韩非说："大王，秦王想一统天下的野心各国都看在眼里。但是，得民心者得天下，秦王残暴，一味地巧取豪夺，对外以武力实施兼并政策，对内也是强征暴敛(liǎn)，使得百姓苦不堪言，实在是不仁不义。"陈嚣闻言，说："我赞同韩非师兄的说法。秦国不仁不义，我们齐国必须要引以为戒。秦国妄图以武力置别国于死地，我们齐国则要奉行礼义之法，联合楚国，援救赵国。以诚信与义气立于诸国之间。"

荀子很满意两个弟子的回答。但齐王建依然犹疑不决，迟迟不肯表态。荀子说："赵国对于齐国与楚国来说，是一道保护屏障，就像嘴唇与牙齿的关系一样，嘴唇没有了，牙齿就会受寒。要是今天赵国被秦国灭亡了，恐怕明天秦国就要攻打齐国与楚国了。再说了，如果我们援救赵国，别的国家就会称赞我们重礼、仁义；反之，后果不堪设想啊！"齐王建恍然大悟，他激动地站起身来，说："寡人明白了！今日多有叨扰，告辞了。"

知识拓展

原文中的"……者，……也"的句式，是古代汉语中常见的判断句句式之一，是以名词、代词或名词性短语为谓语，对主语进行判断的句子结构。

再如：陈胜者，阳城人也……（司马迁《陈涉世家》）

译文：陈胜，是阳城人……

人道之极

知识拓展

孔子的学生有若说："礼之用，和为贵。"和顺、和谐是中华传统文化的重要特征，礼（制度、秩序、规范）要以人与人（也包括人与社会、人与自然）的和谐共存为优先原则。尊礼而行，也自然有利于社会的和谐与发展。孔子强调"和而不同"，认为在人际交往中要保持和谐友善，对具体问题的观点则不必苟同于对方。

齐王建离开后，众人陷入沉默。李斯说："老师、师兄，此时的齐王或许被说动了，但他真的会救援赵国吗？只怕明天一早，他又会改变救赵的想法。"韩非回答："老师已经把道理说得明明白白了，齐王会不会听取还无法下定论。但是，老师出生在赵国，只怕有小人暗中诋毁老师，认为老师是为了赵国着想，那才真让人百口莫辩呀！"

荀子一言不发，他心想：别人怎么揣测我都不重要，齐王到底肯不肯援救赵国实在是让人担心呀！

故事延伸

春秋时期，齐侯攻打莒(jǔ)国，杞梁不幸战死。齐侯运送杞梁的尸体回家。在郊外的路上，他看到了前来迎接灵柩(jiù)的杞梁之妻。齐侯下马，向杞梁的妻子吊唁(yàn)。杞梁的妻子说："虽然我的丈夫为国牺牲，但是我们的家还在呢。齐侯为什么这么失礼，竟然在郊外吊唁！"听了她的话，齐侯自知理亏，就到杞梁的家里吊唁了。原来，在春秋时期，在家中吊唁才是守礼的行为。杞梁的妻子在悲痛的时候依然能按礼行事，真是一个令人钦佩的人！

思考提示

1. 你听过"假道伐虢(guó)"的故事吗？
2. 你知道"和平共处五项原则"吗？
3. 如何认识生活中的各种行为规范？

人道之极

人道之极

原文

礼①者，人道②之极③也。

——《荀子·礼论》

注释

① 礼：泛指道德观念、风俗习惯和符合社会整体利益的行为准则。
② 人道：即为人之道，指人们应遵循的道德规范。
③ 极：准则。

译文

礼是做人的准则。

成功在相

您好，荀子 七

开言引语

世人皆知"兼听则明，偏信则暗"的道理。《管子》中说："夫民别而听之则愚，合而听之则圣。"但是决策者往往高高在上，难以获得全面、客观、真实的信息，更何况常常还有人为了一己之私利，故意蒙骗和误导。因此，自古以来，盛世都以明君良相为基本特征。否则，统治者要么闭目塞听，要么任凭奸佞(nìng)当道，这样则社稷百姓危矣。

应稷下学宫的邀请，荀子将再次担任"祭酒"。听到这个消息，大家都开心极了。张苍初来乍到，他走到韩非身边，悄声问："师兄，'祭酒'是什么意思？"韩非回答："祭祀宴飨(xiǎng)的时候，会推举一个相对年长且尊贵的人高高举起酒杯，慢慢把酒洒在地面上，这是祭祀的一种仪式。在这里，让谁当祭酒，就说明了那人是学宫的荣誉首领。"

毛亨围绕着荀子蹦蹦跳跳，不住地念叨："太好啦，太好啦，我听说让谁担任祭酒，就说明这个人就是学宫的领袖。老师，您真的太厉害了！"李斯嗔(chēn)怪毛亨，说："快停下来吧，你快把老师转晕了。"韩非说："这已经是老师第三次担任祭酒的职位了。再说了，老师担任祭酒是实至名归的事。"

这个时候，梦杞不高兴了。原来，在荀子

知识拓展

原文"世之殃……"这句话采用了类比的用法。类比是根据两种事物在性质、特征上的某些相似性而进行比较和推理。类比在形式上常常并列出现，以一种浅显的常识去说明一个深刻、抽象的道理，有时也有明确的标识词，像原文中的"如……"。

再如：虽有嘉肴，弗食(fú)，不知其旨也；虽有至道，弗学，不知其善也。《礼记·学记》

译文：虽然有美味的肉食，但是不吃就不知道它的美味；虽然有极高明的道理，但是不学就不知道它的正确性。

成功在相

回齐国之前，他也曾担任祭酒的职位，而且齐王经常听取他的意见。荀子回来之后，梦杞感觉自己被忽略了。他决定要离间(jiàn)荀子与齐王的关系，最好能把荀子逼走，使他永远地离开齐国。经过深思熟虑，他决定展开行动。

梦杞首先蛊惑(gǔ huò)齐王建的母亲君王后。事实上，在齐国说话最有分量的人，并不是齐王建，而是君王后。梦杞对君王后说："太后，梦杞有要事禀(bǐng)告，事关齐国的生死存亡。"闻听此言，君王后屏退左右。梦杞这才放心地说："我知道太后最近在为是否援救赵国的事情忧心，我觉得援赵一事不妥。梦杞有一言，不知当说不当说？"君王后说："先生但说无妨。"梦杞说道："太后可知道荀况是哪国人？"君王后略微思索，闭口不语。梦杞故作感叹："是赵国呀，太后！"君王后低头摆弄怀里的小白狗，说："荀夫子自十五岁就随着他的师父宋钘来到这里，一直住到现在。现在，他已经五十多岁了。其间虽然他也离开过，但毕竟大部分时间是在齐国度过的。当今是乱世，处处战争不断。齐国庇佑着他，给了他名誉和地位，给了他施展才能的机会。不是有句俗语，'身安处为家'。乱世之中，苟全性命已经不错，哪能……"君王后重重地叹息一声，把小白狗放到地上。小白狗一着地，就飞快地跑开了。

梦杞看君王后已经上钩了，连忙顺着君王后的话说："太后，他出生在赵国，

成功在相

知识拓展

孔子的两个学生冉有和子路曾做过季氏的家臣。有一次季氏要攻打藩属国颛臾(zhuān yú)，孔子对他们不能劝阻季氏的行为很不满意。他认为遇事不努力反而找借口的做法，让人厌恶。孔子批评他们说："你们俩辅佐季氏，远方的人不归服，却不能用文治教化招致；国家支离破碎，却不能保全，反而想在国境以内使用武力。我恐怕季孙的忧患不在颛臾，却在萧墙里面。"萧墙，指古代宫室用以区隔内外的当门小墙，后来常用"祸起萧墙"来指祸乱起自内部。

当然为赵国着想。就像我，身为齐国人，也时时刻刻担忧着齐国的安危。依我看来，援救赵国就是与秦国为敌，恐怕等秦国灭亡了赵国，下一个挨打的，就是我们齐国啊！"

梦杞又向君王后说了很多荀子的坏话，君王后并没有附和(fù hè)什么。但是，狡猾的梦杞知道，君王后基本是不肯援救赵国了。

过了一段时间，荀子依然没有听到齐国将要援救赵国的消息。在秦国的连续攻击下，眼看赵国就要灭亡了。李斯见荀子每天心事重重，这才对荀子说了实话："老师，齐国不会援救赵国了。听说梦杞在君王后面前说了您很多坏话，只怕君王后与齐王建已经被谗言蒙蔽了。"荀子愕然，连忙问："外面是怎么议论我的？"李斯顿了顿，小心翼翼地说："听说梦杞说您生来是赵国人，援赵只是为了帮助自己的国家。"荀子拍打着桌子，猛地站起身，不住地感叹着："小人，真是小人呀！"

赵国打了败仗，伤亡无数。接下来的很长一段时间，君王后和齐王建再也没召见过荀子。好在，有众多弟子陪伴他，于是，他便渐渐不再过问政事，一心只教书育人了。

故事延伸

楚汉相争时期，天下混乱不堪，百姓遭受流离之苦。刘邦对陈平说："什么时候才能天下太平，让百姓过上幸福安稳的日子呀？"陈平说："项羽身边刚正不阿的臣子不多，也就亚父范增、钟离昧(mò)、龙且(jū)、周殷这几个人罢了。可施用反间计，离间他们君臣关系。项羽这人生性多疑，容易听信谗言。到时候再攻打楚国，必然容易得很！"刘邦就赐给陈平许多黄金，使他雇用间谍，到楚国施行离间计。多疑的项羽果然听信谗言，不再重用范增等人。这样一来，楚汉之争很快便以刘邦的胜利结束了。

思考提示

1. 成大事业的人，离不开他人的帮助，但又不能只依赖这种帮助。你认为如何处理好呢？

2. 生活中常常会有被误解的时候，应怎样来面对？

3. 孔子说过，"益者三友，损者三友。"谈谈你的交友心得。

成功在相

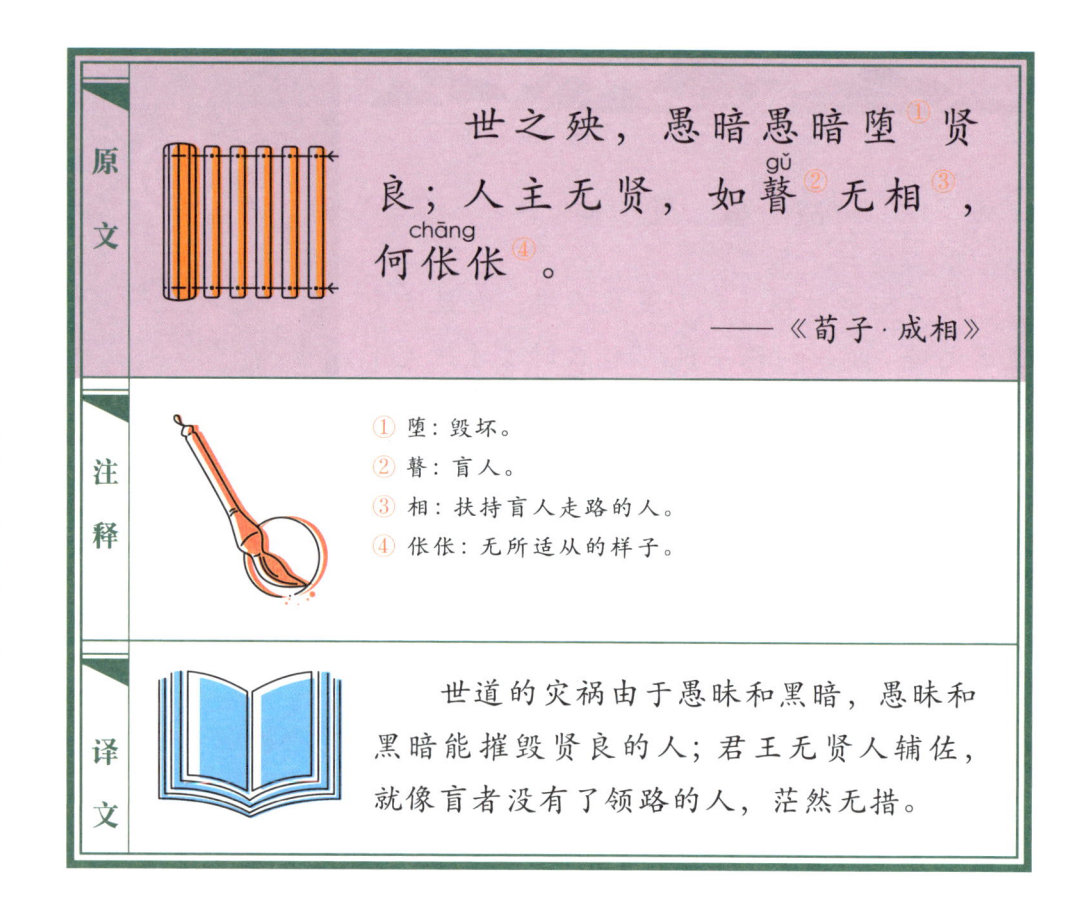

成功在相

原文

世之殃，愚暗愚暗堕[1]贤良；人主无贤，如瞽[2]无相[3]，何怅怅[4]。

——《荀子·成相》

注释

[1] 堕：毁坏。
[2] 瞽：盲人。
[3] 相：扶持盲人走路的人。
[4] 怅怅：无所适从的样子。

译文

世道的灾祸由于愚昧和黑暗，愚昧和黑暗能摧毁贤良的人；君王无贤人辅佐，就像盲者没有了领路的人，茫然无措。

您好，荀子 八

认知事物

认知事物

开言引语

人非生而知之者，大千世界，林林总总，需要逐步去了解。有的人善于思考和总结，能透过现象把握本质；有的人则容易被现象所迷惑，以至于做出错误的选择。故事中关于认知的讨论，告诉人们静心、虚心和专心(bing)的重要性。只有这样才能有效地摒弃干扰，更好地接近事物的本质。

荀子的生活慢慢变得清闲、自在。每天清晨，韩非和李斯都会陪着老师在学宫附近走走路、爬爬山。直到太阳升高了，他们才回去吃早饭。饭后休息片刻，韩非就会召集众人过来听荀子讲学。

一天，荀子对众弟子说："我们今天来做个测试，考考你们对认知事物的看法。"众人一听十分开心，心想终于能把所学展示一番了。众人忙着写作，荀子则独坐在一旁，细心地观察：毛亨边写边笑，一定是在写些有趣的东西；张苍已经写了很多，看来关于认知，他有很多想法；李斯皱着眉头在思考着什么；韩非奋笔疾书……

很快，一炷香燃尽了。荀子说："现在大家停止写作吧。有谁愿意为大家展示一下自己的文章？"毛亨举起手来，说："老师，我！我！"荀子点头示意，毛亨噌地一下站了起来。毛亨平时就非常调皮可爱，大家对他的一些言行已经习以

知识拓展

文言文中用疑问代词"谁""何""奚""安"等作宾语时往往放在动词或介词的前面,构成常见的宾语前置句。原文的"心何以知"中,"何"为"以"的前置宾语。

再如:长安君何以自托于赵?(刘向《触龙说赵太后》)

注释:长安君:嬴姓,赵氏,战国时期赵国公子,赵孝成王的母弟,母为赵威后。

译文:长安君凭什么在赵国站住脚呢?

认知事物

为常了,并没有介意。

毛亨说:"我写的是一个关于认知的故事。夏首的南边有一个叫涓蜀梁的人,他天性愚蠢,十分胆小,总是疑神疑鬼。在月光明亮的夜晚走路时,他低头看到自己在路上的影子,吓得哇哇大叫,以为地下有鬼钻出来了。他猛然仰起头,看到自己的头发,以为有妖怪站在他背后,拔腿就跑,结果跑到家里后,就因为惊吓过度而趴在床上死掉了。"毛亨用抑扬顿挫的语调讲述着这个故事,众人聚精会神地听着。没想到故事的最后,涓蜀梁的生命却戛(jiá)然而止了。众人反应过来,笑得前仰后合。陈嚣总结道:"毛亨师弟的意思大概是说要正确认知，不能把有当成没有、把没有当成有，否则就有丢掉性命的危险。"毛亨点点头，笑嘻嘻地向陈嚣致谢。

张苍也不甘落后，很快站起身来，大声朗读自己的作品："有一个人叫斛(hú)，住在石洞里，喜欢思考。他经常闭着眼睛，聚精会神地端坐着。一会儿，仿佛看到了美丽的山川湖海；一会儿，又好像听到了美妙的音乐。他觉得很是惬(qiè)意。突然，一阵'嗡嗡嗡'的声音传了过来。原来，在他闭目思索时，苍蝇也赶来凑热闹了。他很生气，猛地睁开眼睛，挥动双手驱赶身边的苍蝇。虽然他的耳朵只想听到悦耳的声音，眼睛只想看到美丽的风景，可是，如果他真的沉浸在美妙的音乐里，就不会听到苍蝇发出

认知事物

的声音。同样，如果他真的沉浸在美好的风景里，也不会在意眼前的苍蝇。"众人一脸迷茫，不知道张苍说的话有何深意。韩非站起来，总结道："这说明了一个道理——真正达到一定境界的时候，就会无视身边的阻碍。"张苍点点头，说："是的，是的，果然还是韩非师兄懂我。"

李斯也读了自己关于认知的见解："人经常被事物蒙蔽，而不能正确认知。欲望会让人受蒙蔽，憎恶会让人受蒙蔽，对古代的事情了解少的会受蒙蔽，对当下事情知道少的也会受蒙蔽……夏桀与商纣就是受到了蒙蔽，以至于难以逃脱国破家亡的命运。"

众人询问荀子："请问老师，如何才能正确认知呢？"荀子回答："用心去认知，做到虚心、专心和静心。《诗经》里说，'采呀采卷耳，采了半天还没装满筐子。怀念我的心上人呀，把筐子丢在了大路上。'采卷耳容易，采满筐也很容易，正因为采卷耳的人一直三心二意想别的事，以至于筐子一直不满。可见，做事情要专心致志才行。"

众人各抒己见，收获颇丰。真是难忘的一堂课呀！

知识拓展

邹忌是一位美男子，曾在齐威王时任国相。邹忌上朝拜见齐威王，说："我确实知道自己不如城北徐公美。可是我的妻子偏爱我，我的妾惧怕我，我的客人对我有所求，他们都说我比徐公美。如今的齐国上下，宫中的姬妾和身边的近臣，没有不偏爱大王的；朝廷中的大臣，没有不惧怕大王的；国内的百姓，没有不对大王有所求的，由此看来，大王受蒙蔽一定更厉害了。"后来，齐威王广开言路，虚心纳谏，齐国国力大盛。

故事延伸

秋天，汛期到来。雨水顺流而下，流到了河里。河伯很开心，他感到自己越来越壮大，觉得天底下再没有比自己更厉害的了。水势越来越大，向着低洼的东方流去。河伯顺着水流，一路欣赏美景。他扬扬得意，笑得十分开心。继续往东行进，马上就要到达北海了。河伯往东看去，竟然看不到水的边界。继续东行，河伯见到了海神。河伯对海神说："我曾经听说过这么一句话：'听了很多道理，就以为谁也比不过自己了。'说来惭愧，此话说的就是我这种人啊！幸亏今天见到了您，要不然我一定会被见多识广的人笑话的。"

思考提示

1. 人们做事情有时能够专心，有时却难以专心，你认为这是为什么呢？

2. 荀子说："从天而颂之，孰与制天命而用之！"（《荀子·天论》）你觉得应该怎样来理解这句话？

3. 你有被现象蒙蔽（迷惑）的经历吗？思考一下其中的原因。

认知事物

原文

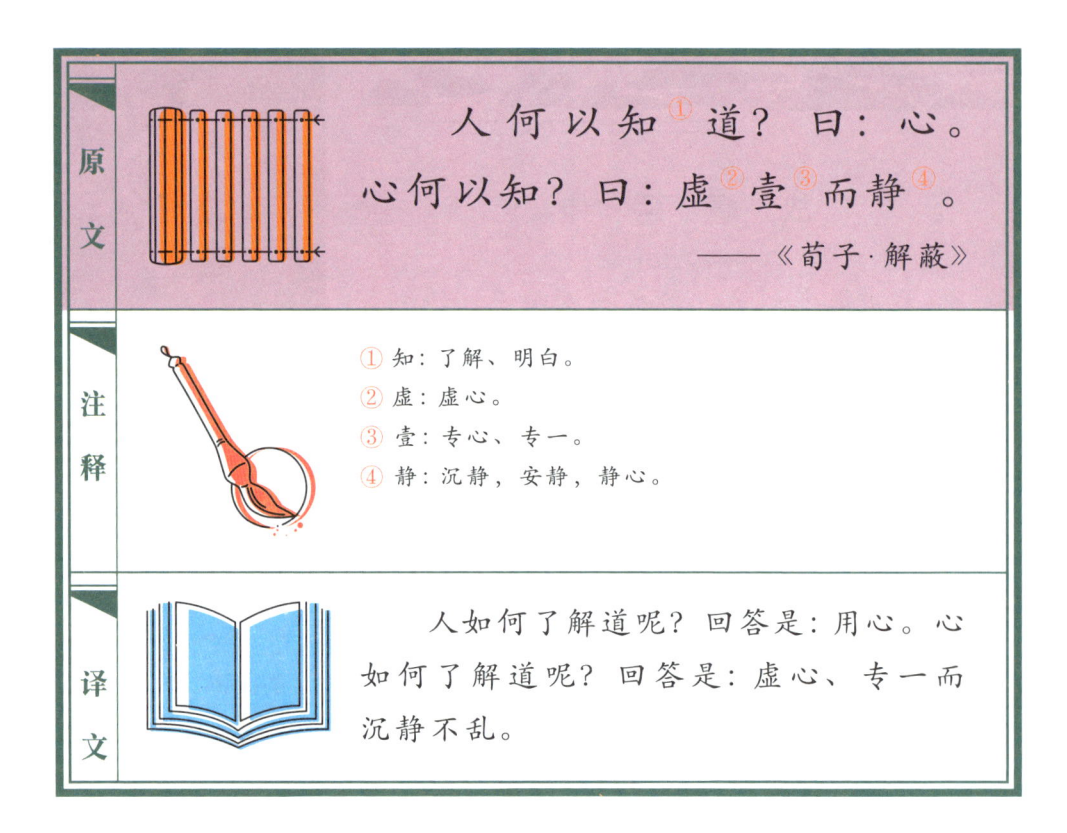

人何以知①道？曰：心。心何以知？曰：虚②壹③而静④。

——《荀子·解蔽》

注释

① 知：了解、明白。
② 虚：虚心。
③ 壹：专心、专一。
④ 静：沉静，安静，静心。

译文

人如何了解道呢？回答是：用心。心如何了解道呢？回答是：虚心、专一而沉静不乱。

天行有常

您好，荀子 九

楚国的黄歇才能出众、政绩卓越。公元前262年，楚考烈王让其担任宰相，封为春申君。当时，楚国有春申君、齐国有孟尝君、赵国有平原君、魏国有信陵君，他们礼贤下士，招徕(lái)宾客，被称为"战国四公子"。春申君尤其尊贤重才，号称有门客三千。

春申君久仰荀子大名。他听闻齐王听信谗言，不肯重用荀子，就计划着请荀子到楚国来。春申君亲自来到齐国，向荀子求教。荀子也久闻春申君大名，热情地接待了他。

春申君问："求教荀夫子，社会的安定或者混乱，是上天决定的吗？"

荀子答："天行有常，自然界的变化规律是永恒不变的，不会因为尧的存在而存在，也不会因为桀的灭亡而灭亡。太阳、月亮、星星与尧和桀的时代没有什么不同。尧安定天下，桀

开言引语

事物的发展变化均有其自身的规律，这表现为其存在过程中本身所固有的、本质的、必然的、稳定的联系。人们应当充分发挥主观能动性，积极探求客观规律，顺势而动。这篇故事中，荀子和春申君说到的日月运行、四季变化、万物生长等，都是自然规律的体现。人们虽然无法改变客观规律，但却可以认识和运用它。

使天下混乱。可见，上天并不能决定社会的安定与混乱。"

春申君追问："那是季节的原因吗？"

荀子答："也不是季节的原因。庄稼在春、夏两季相继发芽，并且旺盛生长；在秋冬两季收获和贮(zhù)藏，这与尧和桀的时代也没什么两样。"

春申君继续追问："难道是大地的原因？"

荀子回答："庄稼在土地上茁壮生长，离开了土地就没法存活，这也与尧和桀的时代没什么两样。可见，社会安定或者混乱，大地也不是决定因素。"

知识拓展

互文是古代诗文写作中常用的修辞手法，是指行文中为了语言简洁、避免重复而错综使用同义词，所以常表现为前后相连、形异而意同。因此在理解时要上下文互相阐发、互相补足文义。原文中的"存""亡"就是互文，是存在与灭亡的意思。

如：不以物喜，不以己悲。（范仲淹《岳阳楼记》）

译文：不因外物之优和个人之得而喜，也不因外物之劣和个人之失而悲。

春申君点点头，说："荀夫子说得有理！"

荀子继续说："上苍不会因为人类不喜欢寒冷就永远是春天，君子不会因为受到小人的奚落就停止前进的脚步。上天的规律不改变，君子的行为也不会改变。没有犯错误的人，不会因为小人的议论而感到烦心……"

春申君忍不住插话："荀夫子，'不因别人的议论而烦心'这一条我尚不能做到，请问您能如此吗？"

荀子想起来自己因为小人的谗言而遭受的非议，想到了自己治理国家的方法许久不被使用，不禁露出了凄然的表情。他避而不答，继续说："发生日食、月食，或是狂风暴雨突然降临时，有的人会感到害怕。这些都是自然现象，有什么可怕的呢？"

【天行有常】

知识拓展

荀子说："从天而颂之，孰与制天命而用之？"（《荀子·天论》）意思是指，与其顺从天而赞美它，哪里比得上控制自然的变化规律而利用它呢？这说明，人在面对自然规律时，并不是完全被动的，积极发挥主观能动性，是可以有所作为的。比如说，人们根据四季的变化和作物生长的规律而耕作，一般就会获得丰收。

春申君说："荀夫子，天行有常，自然现象不可怕，人心的变化才可怕。实话跟您说吧，我听闻您在这里受小人谗言的困扰，政见不能被采用。我想，您不如到楚国去，助楚王成就一统大业。我这次前来，也是受楚王之命，恳请荀夫子与我一起去楚国！"

荀子沉默不语。见状，春申君继续说："荀夫子不必急于下决定，我会在此地停留几日，等您决定好了，我们再一起回楚国去。"说罢，春申君就告辞离开了。

荀子与韩非、李斯等人商量了很久，最终决定：要到楚国去！

故事延伸

在古代，由于不能科学地解释日食、月食、洪水、旱灾、打雷、闪电等自然现象，所以每当这些现象出现时，人们会感到无能为力、十分恐惧。荀子却能很客观地认识到自然界运行的规律——星星相随旋转，日月交替照耀，春夏秋冬交相变化，风雨博爱地滋润万物，万物各自和气地生长。他认为，自然界的一切，都是在变化发展着的，并且不以人的意志力为转移。在当时的社会，这一说法相当超前与科学，体现了荀子的唯物主义自然观。

思考提示

1. 故事中都提到了哪些自然规律？

2. 你认为为什么会有昼夜、四季的变化呢？

3. 在你的生活中，除了故事中提到的自然规律，还能感受到哪些规律的影响？

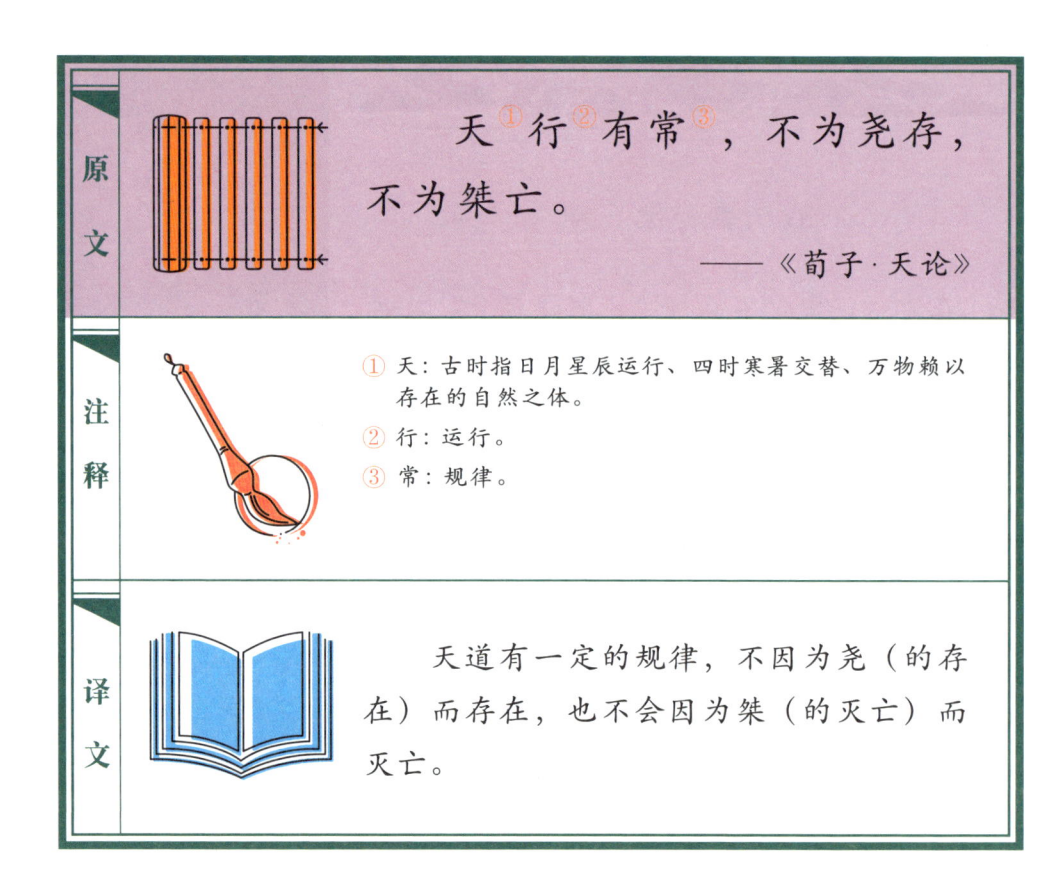

天行有常

原文

天①行②有常③，不为尧存，不为桀亡。

——《荀子·天论》

注释

① 天：古时指日月星辰运行、四时寒暑交替、万物赖以存在的自然之体。
② 行：运行。
③ 常：规律。

译文

天道有一定的规律，不因为尧（的存在）而存在，也不会因为桀（的灭亡）而灭亡。

为君之道

您好，荀子 十

开言引语

"礼"是儒家思想中的核心概念之一，主要是指一系列应共同遵守的行为准则。作为统治者，更被要求率先垂范，以身作则。孔子就说过，"不知礼，无以立也"。所以，故事中荀子告诉楚王，从家到国，都需要依礼而行，这样社会就会井然有序。如若任意妄为，必然会带来灾祸。

楚考烈王早已收到春申君的来信，知道荀子将要来楚国定居。一时间，楚王意气风发，他觉得以春申君的才能、荀子的思想，楚国一统天下必将指日可待。

差不多半个月后，荀子一行人来到了楚王宫。

对于荀子，楚王可以说是做到了无微不至的关怀与照顾。荀子的家人和弟子住在王宫金碧辉煌的房子里，每餐饭都是山珍海味。楚王让荀子一行人歇息了两天，直到第三天黄昏，才召见荀子。他已经准备了很多问题，要向齐国来的"最为老师"请教。

一见面，楚王就亲切地问道："荀夫子，你们吃住可还习惯，有什么不周到的地方，还请担待些。"荀子拱手，说："大王，吃住未免铺张浪费了些。我已经快六十岁了，不必餐餐大鱼大肉，米粥、青菜足矣。让大王费心了。"楚王答：

为君之道

"哪里哪里，荀夫子名震天下，您肯来我们楚国实在是太给面子了。有什么不方便之处，您尽管提。寡人有些问题，想向荀夫子请教。"荀子说："大王请讲。"

楚王问道："请问怎样做，才能做一位合格的君主呢？"

荀子回答："按照'礼'治理国家，公平公正。"

知识拓展

"为"在古代汉语中是一个十分活跃的词，常见且多义，特别值得注意。检索工具书可以发现，"为"的义项有几十种之多，可以作为动词、介词、连词、语气词，等等。原文中的"为"是动词，意思是"作为"。

如：霓为衣兮风为马，云之君兮纷纷而来下。（李白《梦游天姥吟留别》）

译文：用彩虹作为衣裳，将风作为马，云中的神仙们纷纷下来。

"那么臣子应当怎么做呢？"楚王又问道。

荀子回答："按照'礼'对待君主，忠诚、顺从、不懈怠。"

"那么怎么做父母呢？"楚王接着问。

荀子说："要宽厚、仁爱、有礼节。孔夫子曾经说过，'君君、臣臣、父父、子子'，做君主的，要有君主的样子；做臣子的，要有臣子的样子；做父亲的，要有父亲的样子；做儿子的，要有儿子的样子。君不像君，臣不像臣，父不像父，子不像子，那么国家将动乱不堪。"

楚王问："怎样才能全部做到这些？"荀子回答："答案就在一个'礼'字。君王如果透彻地了解了礼，并且推行于天下，那么行动就没有不妥当的地方了。"

楚王又问："请问该怎样治理国家？"

荀子回答："我只听说过君

> 在儒家思想传统中，十分强调人的自我品德修养。社会责任越大，对于思想品德的要求就越高。荀子曾提道："君者，舟也。庶人者，水也。水则载舟，水则覆舟。"所以作为国君，想要社会安定，则首选勤政爱民；想要国家繁荣，则必须隆礼敬士；想要立功名，则一定要尚贤使能。

为君之道

为君之道

主谈论如何修身，不曾听说过怎样治理国家。君主就像测定时刻的标杆，百姓就是这标杆的影子。标杆端正了，影子自然端正。君主像是盛水的盘子，百姓是水。盘子是圆形的，水也就是圆形的。"

楚王听后，不但不生气，反而拍手称快，说："'最为老师'果然名不虚传，您的话浅显易懂，寡人这样愚笨的学生都能领会。楚国需要的，正是您这样的贤才。不知道您中意什么样的职位？"荀子回答："大王，臣想到兰陵去！"楚王说："兰陵位于高地之上，兰花遍布，倒是个好地方。既然夫子喜欢，那您就去那里担任兰陵令吧。"荀子谢过楚王，就退下了。

故事延伸

西周时期，有一个叫厉王的君主。他昏庸无道，施行暴政，奴役百姓。国人对他的行为很不满。召公劝谏，说："大王，百姓对您的行为不满，您已犯了众怒，请您施行仁政，安抚百姓。"厉王很生气，他并不想着反省自己的过失，反而派人监督非议他的民众。一听说谁在背后议论他，他就马上把那人处死。这样一来，国人都不敢说话了，走在路上，只能以眼神互相致意。厉王宣见召公，说："你看，如今谁还敢在背后议论我！他们现在连话都不敢讲了！哈哈！"召公回答："大王，您堵住了百姓的嘴，这远比堵住洪水还要危险呀！洪水被堵塞(sè)，水会越积越多，反而会伤害更多的人。让百姓畅所欲言，您才能知道自己的不足之处，以便及时改正。"厉王仍旧不听。三年后，国人暴动，天下大乱。

思考提示

1. 故事中，楚王问了荀子几个方面的问题？

2. 为什么荀子如此重点强调"礼"呢？

3. 有人说"礼"已经过时了。你认为呢？

【为君之道】

原文

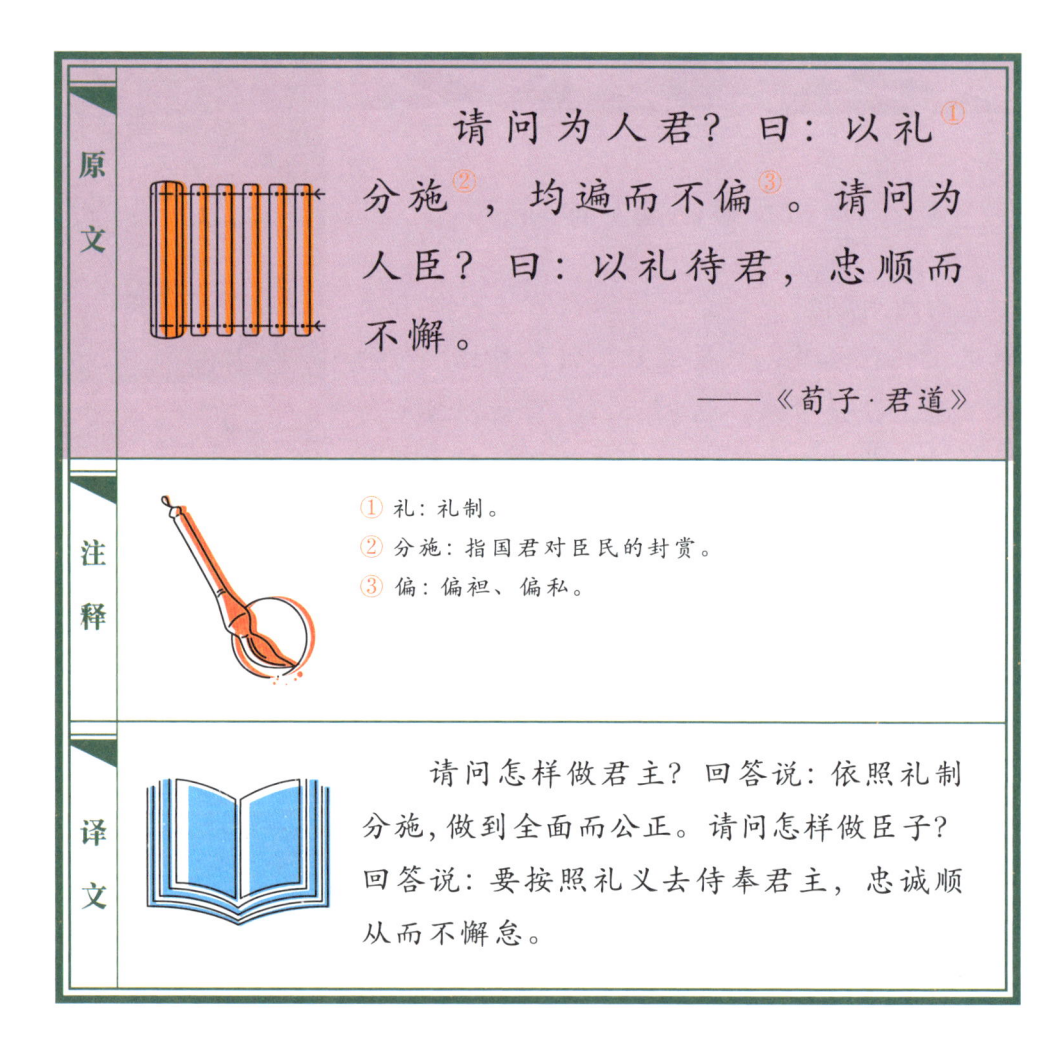

请问为人君？曰：以礼①分施②，均遍而不偏③。请问为人臣？曰：以礼待君，忠顺而不懈。

——《荀子·君道》

注释

① 礼：礼制。
② 分施：指国君对臣民的封赏。
③ 偏：偏袒、偏私。

译文

请问怎样做君主？回答说：依照礼制分施，做到全面而公正。请问怎样做臣子？回答说：要按照礼义去侍奉君主，忠诚顺从而不懈怠。

富国裕民

您好，荀子 十一

在兰陵上任的前几天，荀子每天都带领着弟子四处考察。兰陵的情况并不是很乐观：它的位置偏北，以至于雨水稀少；它的位置偏高，引水灌溉又很难。更何况本就是战乱之年，兰陵地区满目疮(chuāng)痍(yí)。

荀子求助春申君，要来了赈(zhèn)灾的粮食，并在多处设置粥棚，暂时解决了百姓的温饱问题。他将大家聚集在一起，商量引水灌溉的方法，同时统计了本地青壮年劳动力的数量，以实施引水的大工程。在百姓的共同努力下，用了不足半年的时间，兰陵就修建了多处水渠。有了引水灌溉的便捷渠道，百姓不再靠天吃饭。春种秋收，收成一年比一年好。兰陵渐渐富裕起来。百姓吃饱穿暖，就想着使自己的行为更合乎君子的规范。于是，很多人拜在荀子门下，向他学习《诗经》《尚书》《礼记》等。当地的老百姓，感念荀子的恩德。

开言引语

富国裕民

在这篇故事中，荀子针对兰陵当时的实际情况，有的放矢，收到了显著效果。《管子》中说："仓廪(lǐn)实而知礼节，衣食足而知荣辱。"国家富强的基础是百姓富足，过上安稳的生活。所以，为达到国家长治久安的目标，就必须从解决民众衣食住行的切身问题入手。在此基础之上，加强文化建设，倡导道德文明，构建和谐大同。

富国裕民

知识拓展

古代汉语中，有些形容词常常活用为动词，这样就使宾语所代表的人或物具有这个形容词所表示的性质或状态了。"足"本为形容词，本意为富裕、富足。原文中的"足"活用为动词，解释为"使……富足"，"足国"即为"使国家富足"。这种用法被称为使动用法。

整个地区都是一派祥和的景象。

楚王听说荀子把兰陵治理得很好，就派人接荀子进宫，向他请教治理的方法。

楚王说："荀夫子近来辛苦啦，您的辛劳与政绩，寡人全看在眼里。荀夫子果然是有能力的人。寡人今后要多向您求教。请问，您是如何使兰陵富足的呢？"

荀子回答："节约用度，并且推行能使民众富裕的政策。民众精耕细作，收成自然会增多。推行节约的制度，粮食就会有盈余。收藏多余的粮食，那么灾荒发生的时候就不必过分着急。君王按照法治向民众收税，这样仓库的粮食也能堆积成山。所以，实施使民众富裕的政策，民众就会富裕起来。"

荀子停顿了一下，说："相应地，不懂得节约，那么民众则会陷入贫困的境地；没有合理的税收政策，民众就难以节约粮食。这样一来，仓库里没有存粮，发生灾害也没有赈灾的粮食，百姓的粮食又由于不节约而用完了。如此，天灾人祸，国家将会混乱。"

楚王问："那么，寡人如何对待民众才是得体的行为呢？"

荀子回答："有的君王想着用小恩小惠化育民众，冬日里为民众熬粥，夏天时为他们准备瓜果。如此，确实换来了一时的荣誉，但这绝不是长久之计。有的君王暴露本性，急急忙忙

再如：臣闻求木之长者，必固其根本；欲流之远者，必浚其泉源；思国之安者，必积其德义。（魏征《谏太宗十思疏》）

注释："固"即"使……稳固"，"浚"即"使……疏通"，"积"即"使……累积"。

译文：我听说想要树木生长，一定要稳固它的根；想要泉水流得远，一定要疏通它的源泉；想要国家安定，一定要厚积道德仁义。

孔子有一次到卫国去，弟子冉有为他驾车子。孔子感叹说："真是人口众多啊！"冉有说："人

富国裕民

【富国裕民】

知识拓展

口已经如此多了,接下来该做什么呢?"孔子说:"使他们富裕起来。"冉有问:"如果已经富裕了,还该怎么做?"孔子说:"推行教化。"由此也可以看出,孔子对于社会物质文明和精神文明的建设都很重视。到了孟子,更是提出了"民为贵,社稷次之,君为轻"的观点。

地使民众服役,不顾及民众的冷暖饥寒,不在乎百姓的毁誉。即使民众怨声载道,君王也一味只想着自己享乐,以至于失了民心,这更是愚蠢的做法。"

楚王一边认真听,一边思考自己是否也犯了这样的错误。荀子继续说:"贤明的君主就不会这样做事。贤明的君主役使民众的时候,夏天不会让他们闷热中暑,冬天不会让他们忍受严寒。工程再紧急也不过分奴役百姓,松缓的时候也不耽误农时。事业成就、功绩建立,也赢得了百姓的爱戴,君主和臣民都能过上富足的生活。"

楚王被说得心服口服,他把荀子的说法付诸实践,果然取得了很好的成效。

故事延伸

　　梁惠王向孟子询问富国裕民的方法。孟子回答："不违背农时，让百姓按时耕种，就能有吃不完的粮食。池塘里不用细密的网捕鱼，那么鱼、虾、螃蟹等水产品就会有很多。每年在固定的时间砍伐树木，那么就能有使用不尽的木材。粮食和鱼类很多，百姓能够养活家人；木材很多，葬送死者的时候也没什么遗憾的。如此一来，生老病死都有了对策，百姓的基本生活就能得到满足。如果肯在住宅旁边种上桑树，按时节喂养鸡、鸭、猪、狗等家畜，那么老年人就可以穿上丝绸做的衣服，经常吃上肉食了。如果注重教育，对小孩子强调孝敬长辈的道理，那么头发花白的老人就不必在外面挑着担子干重活了。"

思考提示

1. 荀子到兰陵后，采取了哪些措施？
2. 你自己的衣食住行是如何处理的？
3. 你觉得当前社会文化建设的突出问题是什么？

富国裕民

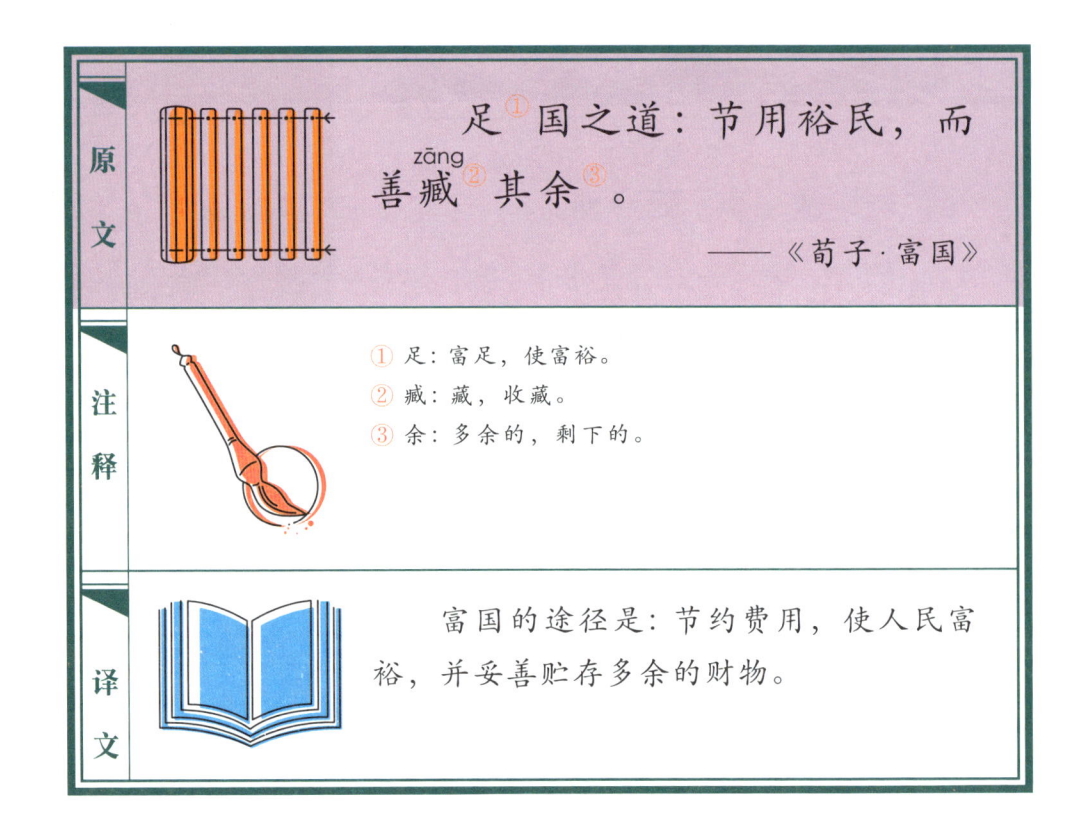

富国裕民

原文

足①国之道：节用裕民，而善臧② 其余③。

——《荀子·富国》

注释

① 足：富足，使富裕。
② 臧：藏，收藏。
③ 余：多余的，剩下的。

译文

富国的途径是：节约费用，使人民富裕，并妥善贮存多余的财物。

您好，荀子 十二

寓教于乐

在兰陵的治理都走上正轨后，除了处理公务，荀子基本上是和学生们在一起，日子倒也闲散快活。荀子的教学方法独具一格、寓教于乐，经常让学生在轻松自在、潜移默化中获得知识，取得进步。有荀子在的地方，远远就能听到读书声、论辩声、欢笑声。

一次，在课堂上，荀子说："今天我们按照猜字谜的方式来讲课，大家同意吗？"众人大声欢呼，充满期待。荀子于是拿出三束竹简，让陈嚣代读。

陈嚣打开一束竹简，开始朗读："有这么一种东西：停留时，它就静静地待在那里；活动起来，它就高高在上、广大无边。圆的时候，它可以像圆规画出来的那样圆；方的时候，也像是依矩尺画出来的那样周正。小的时候，它可以跟拇指一样小；大的时候，它像是能遮蔽整片天空。一会

寓教于乐

开言引语

学习不是嬉戏玩闹，也不是死读书。知识可以让人增长见识，开阔视野，明辨是非，涵养心性，并获得精神上的愉悦。与志同道合的朋友一起学习，或在名师的指导下学习，都是人生中非常幸福快乐的事情。荀子是古代著名的老师之一，对学生能够循循善诱、春风化雨，所以成就卓著。

儿看它,感觉像个猴子;一会儿看它,感觉是头大象。"过了一会儿,荀子问:"谁知道谜底是什么?"众人全部举起了手。荀子示意毛亨回答,毛亨说:"是云!"

陈嚣继续读:"有一种东西,生长在山岗,存放在屋里。它没有智慧,没有技巧,不偷不盗。它的身上有一个小洞。它能使分离的东西相连接,能使横的东西连在一起,也能使竖的东西连在一起。普通百姓需要它,王侯将相也需要它。

知识拓展

在古代汉语中,名词活用为动词十分常见。一般来说,"而"是不能连接名词的,所以名词前后如果出现了连词"而",那么这个名词可能就需要根据语境活用为相应意义的动词。原文中的"尊严"即活用为动词,意为"有尊严"。

如:过而能改,善莫大焉。(《左传·宣公二年》)

译文:犯了错误而能改正,没有比这更好的事了。

刚开始制作它的时候，它很大；制成之后，它又是小小的一根。"略微停顿了一会儿，荀子大声地问："谜底是什么？"大家异口同声："针！"

荀子说："接下来的谜底有些难，大家要好好想，看看谁能猜得到。"于是，大家都支起耳朵，聚精会神地听着。

陈嚣大声读道："这个东西很重要。它不是丝，也不是帛，但纹理清晰，斐(fěi)然成章。它不是月亮，不是太阳，却为天下带来光亮。活着

说起中国古代伟大的老师，首推孔子。他主张"志于道，据于德，依于仁，游于艺"，影响极其深远。孔子对学生的教导，不是枯燥、刻板的说教，而是生动、灵活，因材施教、有教无类，为学生营造全面发展的空间。他说："知之者不如好之者，好之者不如乐之者。"意思是：知道怎么学的人，不如喜欢学的人；喜欢学的人，又不如以学为乐的人。

寓教于乐

的人靠它享天年,死去的人靠它殡葬。完全遵循它就能称王,不完全遵循它也能称霸,完全不遵循它就会灭亡。"众人听完,冥思苦想。过了一会儿,荀子问:"已经有人知道答案了吗?"这时,有三两个人举起手。荀子又给了大家思考的时间。又过了一会儿,已经有一半的人猜到答案了。荀子让李斯回答,李斯说:"是'礼'!老师上课时曾多次提到礼的重要性。我料想它不是一种具体的物件,就用'礼'字对应,果然处处相关。"

这真是一堂有趣的课!

故事延伸

一次课间休息的时候，子路跑到孔子身边，问："老师，如果我有了一个想法，我要立刻去做吗？"孔子回答："你也应该听听别人的意见，想好了再去做。"子路一走，冉有就过来了，他问孔子："请问老师，如果我有一个想法，我要立刻去做吗？"孔子回答："是呀，有了想法就要马上去实践，没有什么好犹豫的。"公西华听到了这些对话，走上前去，问："老师，您刚刚说给子路和冉有的话我都听到了，同样的问题，您为什么会有不同的说法呢？"孔子微微一笑，说："子路这个人，做事情易冲动，所以我劝他多听听别人的意见，三思而行。冉有做事情考虑周全却畏手畏脚，所以我鼓励他想到的事情就去做。"

思考提示

1. 故事中荀子采用了什么样的教学方法？
2. 有人说"遇到困难说明自己在进步"，你觉得呢？
3. 你喜欢的学习方式是什么样的？

寓教于乐

原文

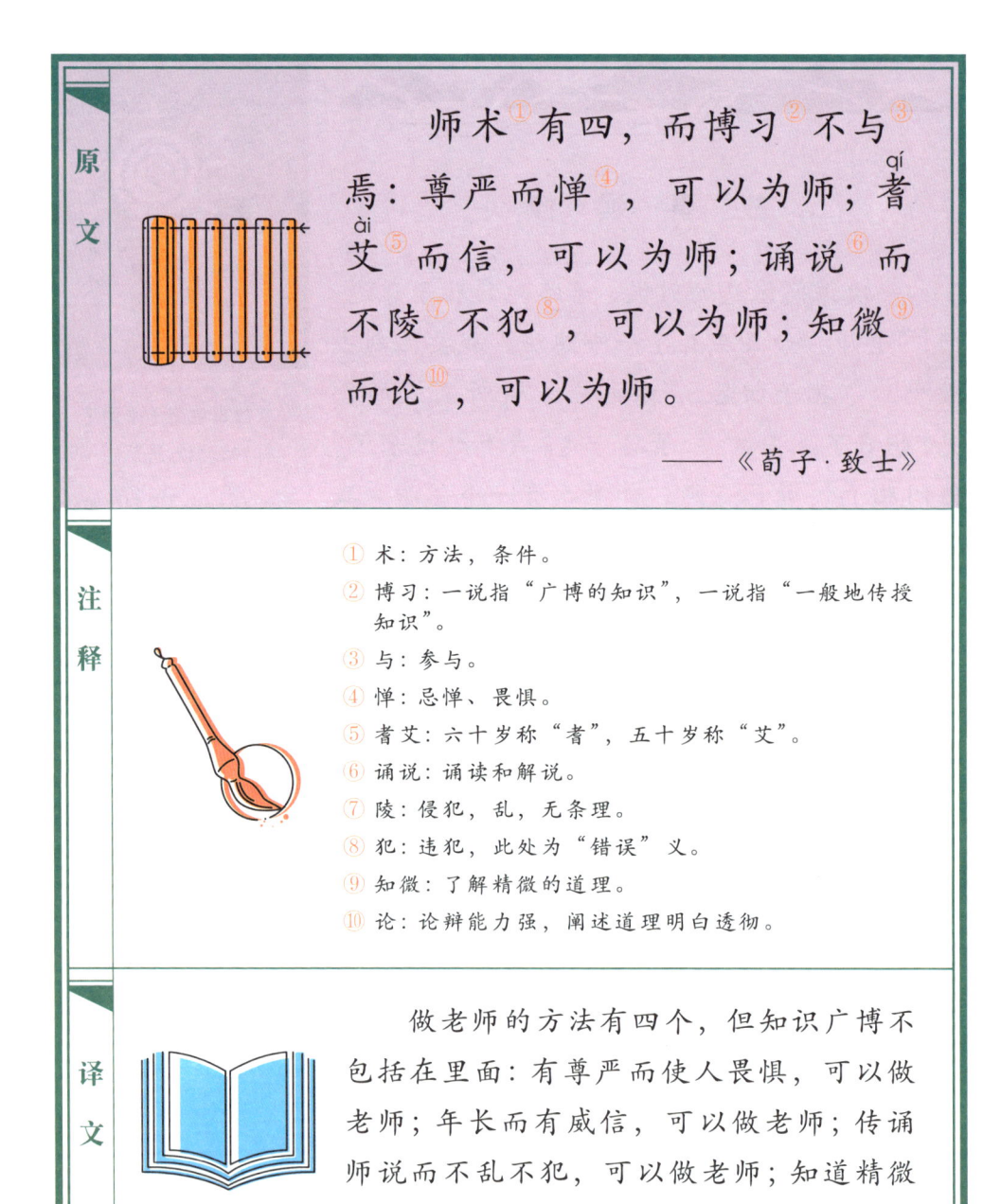

师术①有四，而博习②不与③焉：尊严而惮④，可以为师；耆(qí)艾(ài)⑤而信，可以为师；诵说⑥而不陵⑦不犯⑧，可以为师；知微⑨而论⑩，可以为师。

——《荀子·致士》

注释

① 术：方法，条件。
② 博习：一说指"广博的知识"，一说指"一般地传授知识"。
③ 与：参与。
④ 惮：忌惮、畏惧。
⑤ 耆艾：六十岁称"耆"，五十岁称"艾"。
⑥ 诵说：诵读和解说。
⑦ 陵：侵犯，乱，无条理。
⑧ 犯：违犯，此处为"错误"义。
⑨ 知微：了解精微的道理。
⑩ 论：论辩能力强，阐述道理明白透彻。

译文

做老师的方法有四个，但知识广博不包括在里面：有尊严而使人畏惧，可以做老师；年长而有威信，可以做老师；传诵师说而不乱不犯，可以做老师；知道精微的道理而能论述，可以做老师。

您好，荀子 十三

严于律己

开言引语

孔子说过："君子固穷，小人穷斯滥矣。"人生旅途有顺利，也有困厄。仁人君子能够在困顿的时候不忘初心，不失本色。在这篇故事中，韩非向荀子诉说自己回到韩国后无法为国效力、建功立业的苦恼。荀子则告诉他，身处乱世，君子不必务求闻达，只要严于律己、坚持原则，做好自己就可以了。

荀子离开齐国到楚国来的同时，韩非向荀子告辞，表明了想回韩国的计划。荀子知道韩非眷恋旧国，就让他回去了。

一转眼，十多年过去了。听说韩非在韩国并不如意，他有很多治理国家的想法，只可惜均未被采纳。荀子十分心疼弟子，便派人捎了口信，让韩非有空时来兰陵相聚。韩非也很快回复，表示自己会尽快赶到兰陵相会。

荀子很是开心，韩非可是他非常疼爱的弟子！荀子看着他从血气方刚的青年，变成了胡须长长、稳重内敛的中年人。当年，韩非看见韩国渐渐衰弱，就一直忧心忡忡(chōng)，希望能回到韩国去，发挥自己的才能使韩国变成强国，摆脱任人欺凌的命运。很多师兄弟都劝过他，"良禽择木而栖，大丈夫四海为家，与其回到衰弱的韩国，不如追随老师到楚国去"。韩非执拗(niù)，

知识拓展

古代汉语中，常出现用读音相同或者相近的字代替本字的用法。这种"通用、借代"的字，被称为通假字。通假字所代替的那个字叫作"本字"。原文中的"拙"通"绌"字。

再如：非刘豫州莫可以当操者。(《资治通鉴》)

注释：刘豫州，指刘备。刘备曾任豫州刺史，因称刘豫州。"当"通"挡"，抵挡之意，动词。

译文：除了刘豫州，没有人能够抵挡曹操。

【严于律己】

他认为身为韩国的贵族子弟，对韩国的存亡要承担相应的责任。

听说，韩非刚回去的时候，经常上书规劝韩桓惠王，让他依法治国，而不要凭借君王的势力来驾驭(yù)臣子；要任用贤能的人才，远离那些只会夸夸其谈、做表面文章的人。一开始韩王对于韩非的意见言听计从，但是好景不长，很快就有人中伤韩非，说其居心不良，与其他国家的人暗中往来，等等。韩王并非明君，一听到谗言，对韩非的热情就很快冷淡下来。韩非越是频繁上书，韩王越是不理睬他。

现在，韩非来到了兰陵。当他见到荀子的

时候，荀子正闭着眼睛倚靠在门前晒太阳。此时的荀子已经八十多岁了，他白发苍苍，身体越发羸弱。韩非此时也将近五十岁了。韩非鼻子一酸，快步走上前，大喊了一声："老师！"眼泪就止不住地流下来。荀子慢慢站起身来，双手扶着韩非的肩膀，师徒俩四目相对，良久无语。

荀子让人摆好饭菜酒水，看着韩非狼吞虎咽的样子，很是心疼，一边不住地给他夹菜，一边叮嘱他慢点儿吃。吃完饭，又歇息了半晌，韩非便把这些年的苦楚，一一向老师道来。

他说起了自己是怎样被韩王怀疑，又是怎样被其他奸臣陷害。他说："我回到韩国，本着为国效力的初心，竭尽全力，想着如何助韩国成就一统大业。他们看我说话不利索，在朝堂上不肯听我多言。于是，我日夜著书，上书给韩王，可韩王仍旧看都不肯看一眼。那些奸臣，只想着如何讨好韩王，揣度他的喜好，

严于律己

献上美酒、美人。老师啊，难道我也要像那些奸臣贼子一样，阿谀(ē yú)奉承、费尽心机地讨好吗？"说到伤心处，韩非忍不住又流下泪来，荀子轻轻拍打着他的背，不住地叹息。

过一会儿，荀子问："韩非，我教导过你们应当如何待人接物吧？"韩非回答："老师您曾经说过，要用墨线似的准则要求自己，使自己成为天下人的榜样；对待别人则要像舟船似的善于接纳他人。君子应当严于律己、宽容待人。"

荀子说："那你刚才还说'阿谀奉承''讨好韩王'那样的话？"

"弟子一……一直把您的话记在心里，这您也是清楚的，我刚刚说那些，不……不是气话吗？"韩非以为老师把自己的气话当真，一时情急，说话又变得不利索了。荀子看向韩非哈哈大笑，韩非也反应过来了，破涕(tì)为笑，说："老师，您捉弄我！"

师徒俩继续聊天，聊到太阳下山，聊到天黑，聊到灯油燃尽了，才沉沉睡去。相见时难，在一起的时光要好好珍惜呀！

严于律己

知识拓展

能坚持正确的为人处世原则，可以体现出一个人高尚的品德修养。孟子说："人有不为也，而后可以有为。"要懂得选择和放弃，才能有所坚守和作为；人要有所不为，才能有所为。"诚于中，形于外，故君子必慎其独也。"内心的真诚、言行举止，品德高尚的人哪怕是在一个人独处的时候，也一定会谨慎而为。

故事延伸

历史上有个非常伟大的僧人——玄奘(xuánzàng)，唐代人，俗姓陈。他年轻的时候住在大觉寺里，整日里诵习经书，将不理解的地方记下，四处求教名师。慢慢地，他发现不同的师父给的解答不同，自己有些不明白经文中真正的意思是什么了。为了更好地理解佛法，他萌生了亲自去西方解惑的念头。二十六岁那年，他踏上了去印度求经的漫漫长路。取经的路上困难重重，他用了十七年的时间，历经种种磨难，终于到达了印度。他走了五十多个国家，带回佛教经典六百五十七部。回国之后，他又用了十九年的时间翻译这些经书。他还是一位伟大的宗教家，民间一直流传着他取经路途上经历的种种磨难的故事。直到明代，吴承恩根据相关故事，整理写成了《西游记》，其中师父唐僧的原型即是玄奘。

思考提示

1. 韩非为什么一心想要回到韩国去？

2. 韩非回到韩国后的遭遇有什么变化？

3. 荀子告诉韩非应该怎么做？

4. 你有不被理解的时候吗？你是怎么处理的呢？

严于律己

原文

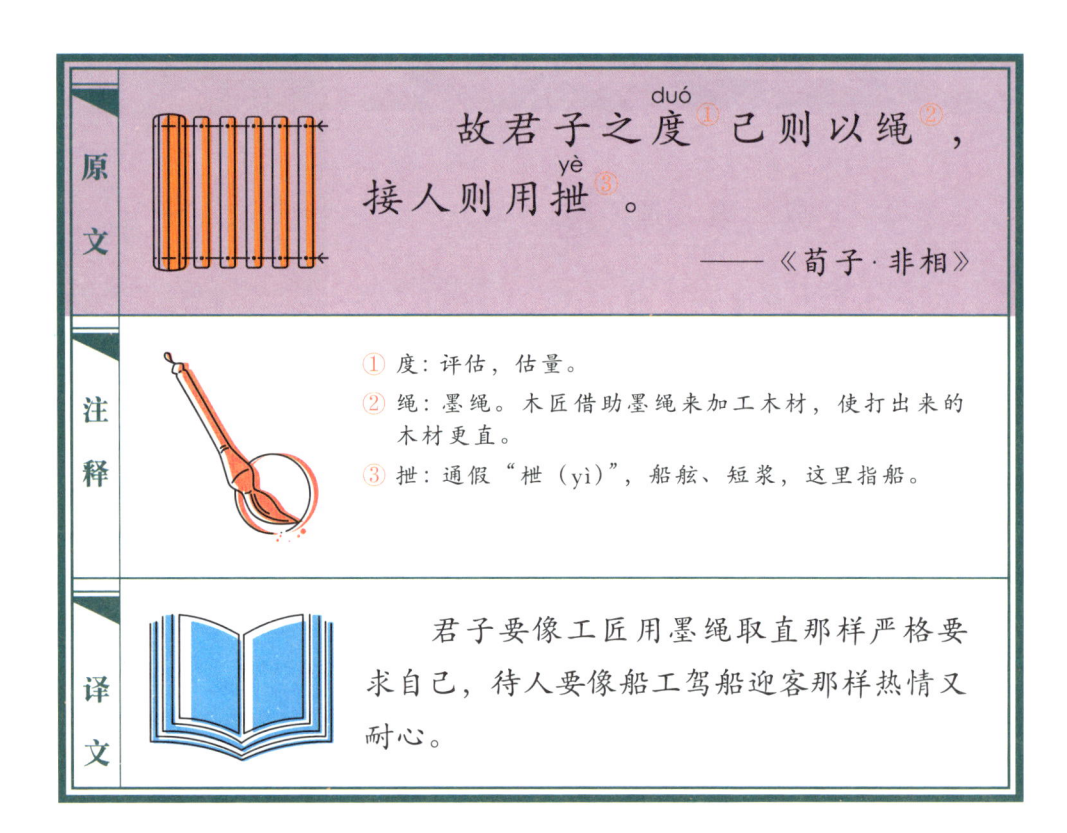

故君子之度(duó)①己则以绳②，接人则用拽(yè)③。

——《荀子·非相》

注释

① 度：评估，估量。
② 绳：墨绳。木匠借助墨绳来加工木材，使打出来的木材更直。
③ 拽：通假"枻（yì）"，船舷、短桨，这里指船。

译文

君子要像工匠用墨绳取直那样严格要求自己，待人要像船工驾船迎客那样热情又耐心。

严于律己

您好，荀子 十四

情然心择

开言引语

韩非在韩国期间发愤著书，写成了《孤愤》《五蠹》《说林》《说难》等文章。秦王嬴政无意中读到了《孤愤》与《五蠹》，感慨于韩非思想的犀利与论辩的清晰，很想与他对面交谈。

一日，秦王说起韩非的文章，并表示了想结交韩非的意思。李斯听说后，连忙回禀："大王，臣与韩非曾一同在荀夫子门下学习数年，韩非师兄长我几岁，并且比我早入门几年，我一直以'师兄'称呼他。韩非师兄目前在韩国，倘若大王想见他，捎个口信让韩王把他送来就好。"秦王于是修书一封，派人快马送到韩王手里。

接下来的日子里，秦王一直希望能快点儿见到韩非。但是，很长一段时间内，秦王没有收到任何音信。原来，两国关系交恶，韩王不肯让韩非到秦国去。

这下，秦王很生气，韩王竟然这么不给面

情然心择

这篇故事中韩非的结局让人感叹唏嘘。他回到韩国后，被韩王身边的小人毁谤，抑郁不得志，到秦国后终被李斯等人所谋害。古人云："木秀于林，风必摧之；堆出于岸，流必湍之；行高于人，众必非之。"孔子说过："笃信好学，守死善道。危邦不入，乱邦不居。天下有道则见，无道则隐。"可是古往今来，有不少的贤达人士毁于嫉贤妒能的小人之手，发人深思。

子！秦王又派人捎去了一封信，说要是再见不到韩非，将很快发兵攻打韩国。韩王很害怕，只得派遣韩非出使秦国。

聊天的过程中，秦王越发喜欢韩非。但是，韩非是他从敌国要来的，他并不信任韩非。与此同时，李斯与姚贾十分嫉妒，他们心想：我们能力不如韩非，如果他被秦王任用，那自己岂不是越来越没有地位了！于是，他俩千方百计地想除去韩非。他们在秦王面前诋毁他，说："大王，韩非是韩国的贵族子弟，虽然他现在人在秦国，但心里想的始终是帮助韩国呀！把韩非留在这里，只怕是个祸患呀！"

知识拓展

古代汉语中有很多固定结构，"……谓之……"就是常见的一种。当用于解释或下定义时，"谓之"前面是解释的内容，后面是被解释的词语。原文"情然而心为之择谓之虑"中的"谓之"是谓语，意为"称作""叫作"。

情然心择

秦王心想："用人不疑，疑人不用。但倘若放虎归山，以韩非的才干，或许能使韩国起死回生。既然他不能为我所用，那他就是秦国的敌人！"于是，秦王给韩非随便安了个罪名，将他打入大牢。

但是，李斯与姚贾依然没有停止加害韩非的计划。李斯愤愤不平地说："我与韩非虽然同在荀夫子身边学习，但感觉夫子最喜欢的，始终是韩非。即使韩非回了韩国，夫子依然对他牵肠挂肚。如今，我好不容易在秦国站稳了脚跟，他又过来威胁我的地位，我是一定要除掉他才

> 如：目不能决黑白之色则谓之盲。（《韩非子·解老》）
> 译文：眼睛不能辨别黑白的颜色，就称作盲。
>
> 儒家讲求行藏出处，要求适时、适宜地选择自己的人生之路。孔子说："危邦不入，乱邦不居。天下有道则见，无道则隐。邦有道，贫且贱焉，耻也。邦无道，富且贵焉，耻也。"意思是指：不要使自己处于危险的境地。天下太平，就为社会施展所学；不太平，就隐身自保。政治清明时，自己还贫贱而无所作为，是耻辱。政治黑暗时，自己却富贵失节，也是耻辱啊！

您好，荀子 十四

情然心择

能罢手。"他们二人买来毒药，偷偷地放进韩非的饭菜里。就这样，韩非死在了牢狱之中。

没过多久，韩非遇害的消息就传到了荀子那里。荀子伤心欲绝，他写信质问李斯，为什么要对同门师兄弟下毒手。过了一段时间，李斯亲自来兰陵请罪。他对荀子说："老师，难道师兄遇害的主要原因是我吗？秦王是何等聪明，他见师兄不肯为他所用，才把他送到牢狱之中的。如果师兄不是在牢里毒发身亡，恐怕要被秦王下令车裂，连个全尸都没有。我顾及同门情谊，还派人把他的尸体运回韩国安葬。他能葬在故土，也算是了了他的一桩心愿……"

荀子始终不愿意与李斯交谈，别的师兄弟也对他嗤之以鼻，李斯在众人鄙视的眼神中离开了兰陵。这一年，荀子八十二岁，他失去了最喜爱的弟子韩非。从此，他也再不肯与李斯相见。这沉重的一击，使他的晚年变得越发凄凉了。

故事延伸

李斯本是一个普通老百姓，但他游历诸国，又跟着荀子学习帝王之术，习得了一身本领。他善于抓住机会，辅佐秦始皇完成了一统天下的大业。秦始皇在位时期，他官居丞相，一时风光无限。秦始皇去世时，留下遗诏，立扶苏即位。但在赵高的挑唆下，李斯与赵高合谋，害死了扶苏，立胡亥为皇帝。秦二世时，李斯依然担任丞相之职。赵高忌惮李斯的才能与官位，屡次设计谋害李斯，最终使李斯入狱。赵高派人轮番用刑，李斯不堪折磨，屈打成招。秦二世二年（公元前208年）七月，李斯被腰斩，灭三族。

思考提示

1. 秦王为什么想见韩非？
2. 韩非因为什么被害致死呢？
3. 你觉得李斯向荀子解释的话有道理吗？为什么？

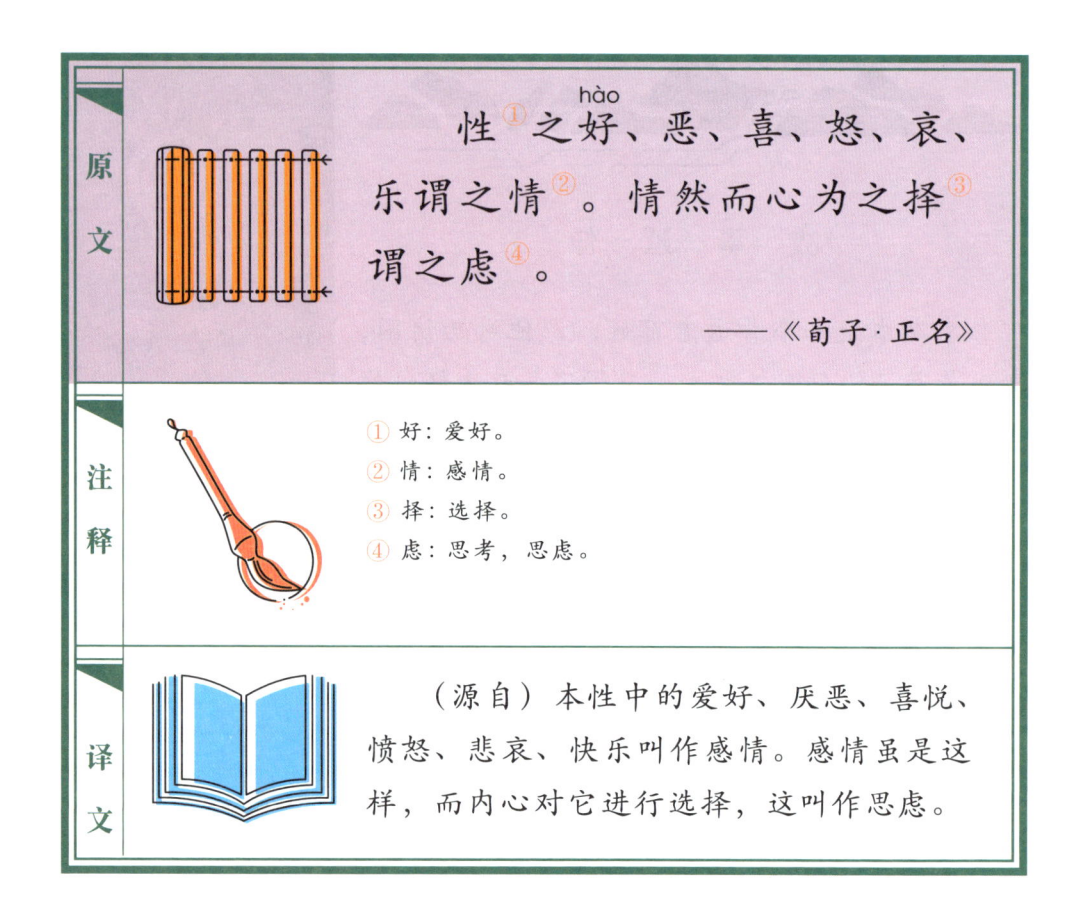

情然心择

原文

性①之好、恶、喜、怒、哀、乐谓之情②。情然而心为之择③谓之虑④。

——《荀子·正名》

注释

① 好：爱好。
② 情：感情。
③ 择：选择。
④ 虑：思考，思虑。

译文

（源自）本性中的爱好、厌恶、喜悦、愤怒、悲哀、快乐叫作感情。感情虽是这样，而内心对它进行选择，这叫作思虑。

垂范后世

您好，荀子 十五

开言引语

积极入世，是儒家思想的重要特点。致知格物，诚意正心，修身齐家，治国平天下。南宋伟大的爱国词人辛弃疾曾说过："了却君王天下事，赢得生前身后名。"所以儒家传统讲究用行舍藏、学以致用。荀子作为儒家学派的重要代表人物，毕生致力于传道授业、推崇孔子学说，并努力将之推向社会实践。他既重视社会的礼义道德教育，同时也强调法制的惩戒作用。

　　公元前238年，春申君被害。荀子受到牵连，被解除了在兰陵的职位。这一年，荀子七十七岁了。孔子曾说，"三十而立，四十而不惑，五十而知天命，六十而耳顺，七十而从心所欲，不逾矩"。七十七岁的荀子，去过多个国家，见了多位君主，写了很多著作，更重要的，是他培养了一大批能独当一面的弟子。可喜的是，有的弟子已经开始招收弟子，继续教书育人了。荀子看淡了功名，他想着，在所剩无几的日子里好好著书，将自己的经历、想法、政治见解等记录下来。但是，想法总是被现实无情地打破。

　　他八十二岁那年，最喜爱的弟子韩非去了秦国，结果却惨遭毒手、客死异乡。大家都传是李斯嫉妒，设计谋害了同门。虽然李斯亲自前来解释过缘由，但真真假假，恐怕只有当事人才知道真相。

垂范后世

知识拓展

在古代汉语中，"乎"字除了是一个被广泛使用的语气助词，还常常被用作介词，相当于"于"。这种情况下，"乎"多用来介引动作发生的时间、处所、对象等。原文中的"入乎耳"等句即是"乎"的介词用法。

再如：醉翁之意不在酒，在乎山水之间也。（欧阳修《醉翁亭记》）

他八十八岁那年，听闻燕国有一个叫荆轲的勇士刺杀秦王，但以失败告终。他慷慨激昂，敬佩荆轲的侠骨义气；他喟然长叹，千秋万载，斯人流芳。

他九十四岁那年，秦统一了六国。他的弟子李斯是主要的策划者之一，秦王命其担任廷尉的官职，成为九卿之一，是秦国的最高司法官。李斯去秦国以前，曾和他彻夜长谈。荀子说："战争已经打了四五百年，四分五裂的局势使得人人厌烦。只有天下一统，百姓才会过上好日子。此时谁统一了天下，他的名声就可以和尧、舜、禹相比。"李斯询问："天下一统了，百

姓将会如何？"荀子说："打鱼的渔夫能得到所需要的木器，居住在山里的伐木工也能吃到鱼。民众不必亲手缝制衣裳就有衣裳穿，经商的不用亲自耕种也能吃得饱。北方的马匹可以奔跑在中原大地上，南方生产的象牙和犀牛皮在中原地区也能常见。要是北方遭遇旱灾，没有粮食，南方剩余的粮食就能很快送达。各地的商品都可以互换，四海之内就像一家人一样。"荀子还能清晰记起，当时李斯的眼睛里闪耀着光芒。李斯追随他多年，他知道李斯想离开他，去做些大事了。果然，很快，李斯就去了秦国。

> 译文：醉翁的情趣不在喝酒上，而在欣赏山水之间的美景。
>
> 孔子之后，儒家思想逐渐分化和演变。从孔子重"仁"到孟子倡"义"，再到荀子崇"礼"，越来越重视现实的功用，这就与法家的思想越来越接近。在"由礼向法"的进程中，荀子正是关键人物，主张"隆礼尊贤而王，重法爱民而霸"，强调尊贤爱民、礼法并用。著名的法家人物李斯和韩非都是荀子的学生，尤其是韩非，更是法家思想的集大成者。

垂范后世

他九十八岁那年，李斯成了秦国的宰相。陈嚣告诉他："众人都说李斯师兄正在秦国大力推行荀学，改变了'孔子西行不到秦'的局面，还当了丞相，文武百官都去祝贺他，门前的车马数以千计。李斯师兄却叹息，说：'荀夫子曾教导过，事物发展到极点就要开始衰落。我李斯本是上蔡的平民、街巷的百姓，皇帝不知道我才能低下，才把我提拔到这样高的地位。'师兄的一番话，使得别人越发佩服他。众人都说，是老师您教导有方呢！"荀子听了陈嚣的话，并没有露出高兴的神色。他明白秦国的暴政，担心李斯官居高位，难免会受到迫害。他仿佛看到了李斯的不幸结局。接下来的几天里，荀子再也不肯吃饭、喝水，任凭别人怎么劝，他也不听。没几天，荀子就去世了。果然，不到十年，李斯被赵高陷害，腰斩于闹市之中。

　　荀子是继孔子与孟子后的另一位儒学大家，他以儒学为根基，继承和发展了孔子的思想；又博采众长，集诸子百家之大成，建立了自己的学术思想体系。直到今天，荀子及其思想依然影响巨大。

故事延伸

荀子离世了，他所创立的思想却扎根世间，影响深远。

李斯在秦国大力推行荀子的学说并有所发展，改变了秦国儒学空缺的局面。秦亡后，荀子思想在汉代依旧是显学，深刻影响着汉代的思想文化领域。董仲舒为了推行"大一统"的学说，更是将荀子思想列为正宗。即使是在魏晋南北朝时期，儒、释、道三分天下，《荀子》一书依旧被奉为儒家经典。到了唐代，有人更是提出荀子的地位在孟子之上，仅次于孔子……

当然，荀子思想也并不是一直被理解、被推崇的，也有人贬低荀子的学说，视荀子为"异端"；甚至有人说秦始皇"焚书"是李斯提的建议，李斯是荀子的学生，荀子也应当为此事承担相应的责任。

或褒或贬，或抑或扬，荀子及其学说一直站在历史的舞台上，接受着时间的检验。

思考提示

1. 荀子说的百姓的好日子是什么样的？

2. 荀子说："君人者，隆礼尊贤而王，重法爱民而霸。"如何理解？

3. 韩非和李斯都是先秦法家的重要代表人物。法家的主要思想主张是什么？

垂范后世

原文

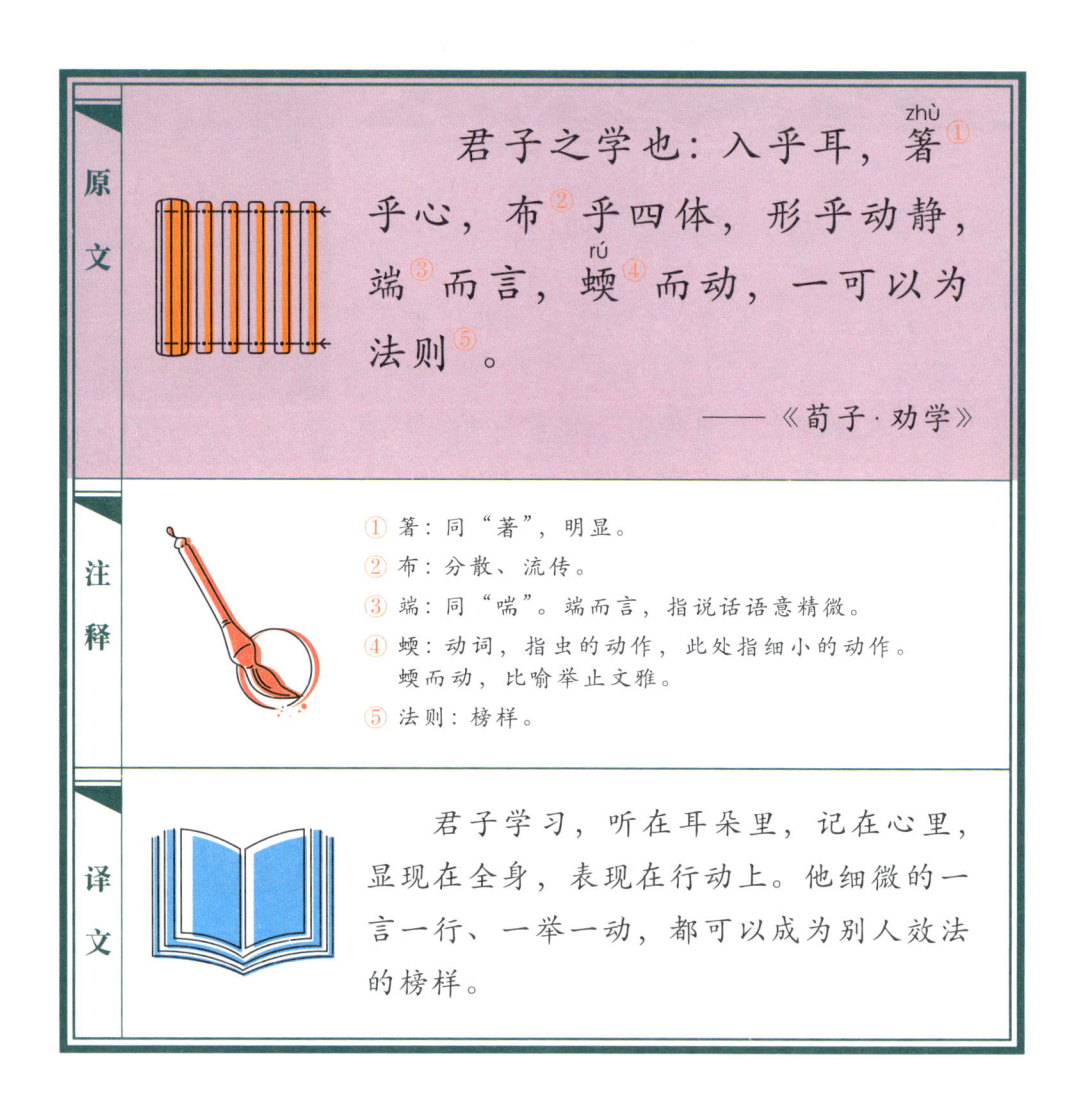

君子之学也：入乎耳，箸[1]乎心，布[2]乎四体，形乎动静，端[3]而言，蝡[4]而动，一可以为法则[5]。

——《荀子·劝学》

注释

[1] 箸：同"著"，明显。
[2] 布：分散、流传。
[3] 端：同"喘"。端而言，指说话语意精微。
[4] 蝡：动词，指虫的动作，此处指细小的动作。蝡而动，比喻举止文雅。
[5] 法则：榜样。

译文

君子学习，听在耳朵里，记在心里，显现在全身，表现在行动上。他细微的一言一行、一举一动，都可以成为别人效法的榜样。

您好，荀子

阅读学习单

王玲 编

年 月 日

学不可已

　　这篇故事是通过荀子师生的对话，讲述人的一生需要不断学习的道理。通过阅读故事，思考荀子对学习的看法，感悟并理解荀子关于学习的思想。

阅读重点	阅读难点
★通过阅读故事，理解荀子满意韩非子的回答的原因。	★思考韩非子、李斯和陈嚣从生活中的小事中学到了什么。
★思考荀子对学习的看法，感悟并理解学习的意义。	★感悟并理解荀子在学习方面的思想观点。

人物介绍

★荀子（约公元前336年—？），名况，字卿，战国末期赵国人。著名思想家、文学家、政治家，时人尊称"荀卿"。曾三次出任齐国稷下学宫的祭酒，后为楚兰陵（位于今山东省兰陵县）令。荀子对儒家思想有所发展，在人性问题上，提倡性恶论，主张人性有恶，否认天赋的道德观念，强调后天环境和教育对人的影响。

★韩非（约公元前280—公元前233年），战国末期著名思想家、法家代表人物，尊称韩非子或韩子。韩王（战国末期韩国君主）之子，荀子的学生。

★李斯（公元前284年—公元前208年），字通古，汝南上蔡（今河南省上蔡县芦冈乡李斯楼村）人。秦朝著名政治家、文学家和书法家。

★陈嚣，字子公。西汉时扬州会稽郡山阴（今浙江省绍兴市越城区）人。七十多岁时，被人推荐给孝成皇帝刘骜，刘骜把他当老师一样对待，官至太中大夫。

阅读理解

★学习不是一蹴而就、盲目蛮干的事情，而是要坚持不懈、专心致志并遵从事物的规律。通过阅读故事，你从荀子与弟子的谈话中学到了什么道理？荀子对学习的看法是什么？

★人生哲理总是蕴含在生活的点点滴滴之中。试着找一下故事中都提到了哪些生活小事？并说说你在生活中的感悟吧。

年 月 日

阅读填空

★ 李斯开口说道："蚯蚓没有_____的爪子与牙齿，却能够在_____的土地中生存，上能吃到地面的_____，下能喝到地下的_____，想来就是因为它心无旁骛、_____。它如此柔软、弱小，却能顽强生存，实在是_____。"

★ 荀子说："如同为人处世一样，如果不能_____，便不能有洞察一切的聪慧；如果不甘心长期_____地做事情，就不可能取得显要的功勋。在歧路上彷徨的人永远不会到达目的地；两只眼睛不能同时看向两处而清楚两处的情况。_____、_____，才是君子的处世之道！"

★ 荀子很满意韩非的回答，接着说道："万事万物的运行发展都是有_____的，通过不懈的学习，可以掌握和运用_____来成就事业。仁人君子和普通人本质上没有什么差别，只是_____更善于借助_____、运用_____罢了。所以人的一生应该是在不断的_____中度过的。"

文言文练习

解释下列句子中加粗的字：

★ **君子**曰：学不可以**已**矣。(《荀子·劝学》)
1. 君子： 　　　　　2. 已：

★ 蚓无爪牙之**利**，筋骨之**强**，上食埃土，下饮黄泉，用心一也。蟹六跪而二螯，非蛇鳝之穴无可寄托者，用心躁也。(《荀子·劝学》)
1. 利： 　　　　　2. 强：

积累词语

词1：燥热、清凉、召集、闲聊、斟满、拘谨、屋檐、询问、蚯蚓、锋利、坚硬、柔软、螃蟹、钳子、大螯、浮躁、懒惰、功勋、歧路、彷徨、迷茫、抱负、耕耘、借助、不懈

词2：随意放松、滴水穿石、心无旁骛、专心致志、用心浮躁、潜心钻研、默默无闻、处世之道、一番功业、责无旁贷、踏踏实实、坚持不懈

~~~~~~~~ 笔 记 ~~~~~~~~

二 最为老师

本篇主要讲到"稷下学宫"——当时一个影响巨大的学习和交流平台。在那里，老师悉心传授，朋友争论切磋，取长补短，教学相长。通过阅读故事，思考"最为老师"的含义，理解并感悟荀子为社会所尊重的原因。

阅读重点	阅读难点
★思考"最为老师"的含义，理解并感悟荀子为社会所尊重的原因。	★思考"稷下学宫"是一个什么样的地方。 ★理解齐襄王称荀子"最为老师"的原因。 ★通过阅读故事，感悟荀子是一位什么样的老师。

人物介绍

★齐襄王（？—公元前265年），妫姓，田氏，名法章，战国时期齐国国君，公元前283年至公元前265年在位。

★齐王建（约公元前280年—公元前221年），亦称齐废王、齐共王，妫姓，田氏，名建，齐襄王之子，母君王后，战国时期齐国最后一位国君，公元前264年至公元前221年在位。齐王建继位后，由其母君王后摄政。公元前221年，秦国进攻齐国，齐王建听从国相后胜的建议，投降秦国，齐国灭亡。秦王政将齐王建安置在共地，不给他供给食物，齐王建最终被活活饿死。

阅读理解

★人类文明的传承、知识技能的学习，都离不开老师的教诲和传授。在中华文化传统中，为师者的地位一直十分崇高。《礼记·学记》中说："凡学之道，严师为难。师严然后道尊，道尊然后民知敬学。"尊师重道是民族振兴的重要基石。思考韩非子初次见荀子紧张的原因是什么？荀子是一位什么样的老师？为什么荀子被称为"最为老师"？每个人的成长都离不开师友的帮助，你记忆犹新的老师或朋友是谁呢？

年　月　日

阅读填空

★车上下来一位大约五十岁的中年人。只见他瘦瘦高高的个子，_____，穿着整齐大方，一举一动皆彰显了其_____的气质。

★韩非问荀子："老师，齐国的稷下学宫是什么样子的呢？我只听说那是一个_____的学宫，栽满了_____，如同天上人间。"荀子微微一笑，说："是呀，不止如此。那里的书房很大，简帛繁多，_____。那里的讲坛很大，每次有人授课，一排排地坐满了人。学宫里的人来自_____，大家不分国籍，不论门派，_____。即使观点不同，也并不_____对方。那是一个可以_____的地方！"

★齐王建的父亲齐襄王在世时就很看重荀子，称赞荀子为"_____"，意思是荀子是最能担得起"_____"这个称号的人。并且，齐襄王曾两次让荀子担任"祭酒"的职位，也就是请他做学宫的首领。

★齐王建为荀子准备了接风的晚宴。宴席之上，推杯换盏，_____。荀子也有些微微醉了，他觉得自己的想法和_____，能够与周围的思想者们交流，能够传授给学生们，真是件快乐、_____的事情！

文言文练习

解释下列句子中加粗的字：

★故有师**法**者，人之大**宝**也；无师法者，人之大**殃**也。（《荀子·儒效》）

　1. 法：
　2. 宝：
　3. 殃：

积累词语

词1：儒雅、尊称、追随、树荫、馍馍、简帛、国籍、门派、排挤、辩论、嬉戏、仰慕、利索、隆重

词2：生机勃发、绵延无边、肆意绽放、瘦瘦高高、面容温和、整齐大方、一举一动、又硬又小、规模庞大、奇花异草、天上人间、简帛繁多、应有尽有、四面八方、清澈见底、莽莽撞撞、不约而同、言笑晏晏

笔　记

三 大儒之效

　　这篇故事通过荀子与秦昭王的谈话，生动地表达出荀子对儒士在社会格局中应有的操守和使命的看法，即做到"穷则独善其身，达则兼济天下"。通过阅读故事思考怎样才能成为儒士，理解并感悟荀子对儒士的看法。

阅读重点	阅读难点
★思考什么是儒士，理解并感悟荀子对儒士的看法。	★思考儒士在社会中的作用。 ★理解荀子心目中的儒士是什么样的。

人物介绍

★**秦昭王**（公元前325年—公元前251年），嬴姓，赵氏，名稷，一名则。战国后期秦国国君，公元前306年—公元前251年在位。其在位期间袭承父祖之基业，开疆拓土，形成天下俱弱而秦独强的格局，奠定了秦统一六国的基础。

★**孔子**（公元前551年—公元前479年），子姓，孔氏，名丘，字仲尼，春秋末期鲁国陬邑（今山东省曲阜市）人，祖籍宋国栗邑（今河南省商丘市夏邑县），中国古代思想家、教育家和政治家，儒家学派创始人。

★**周武王**（？—公元前1043年），姬姓，名发（西周青铜器铭文常称其为珷wǔ），周文王姬昌与太姒sì的嫡次子，岐周（今陕西省岐山县）人，西周王朝的开国君主，在位十九年。

★**周成王**，姬姓，名诵。西周王朝第二任君主，周武王姬发之子。

★**周公**，姬姓，名旦，是周文王姬昌第四子，周武王姬发的弟弟，曾两次辅佐周武王东伐纣王，并制作礼乐。因其采邑在周，爵为上公，故称周公。

阅读理解

★每一个时代都需要"穷则独善其身，达则兼济天下"这样的中坚力量，以获得社会稳定和进步的支撑。儒士的达成需要不断地提高品德修养，不停地学习进步，"修己以敬，修己以安人，修己以安百姓"。通过秦昭王和荀子的谈话，思考儒士身居高位会怎么样？荀子认为怎样才能成为儒士？儒士在社会中有哪些作用？你认为儒士在当今社会过时了吗？

| 阅读填空 | ★荀子回答："＿＿＿＿＿居于高位，那作用自然更大了。如果他是位＿＿＿＿＿、仁爱、＿＿＿＿＿的君王，那么人们就会＿＿＿＿＿他、＿＿＿＿＿他、＿＿＿＿＿他。即使在远处，也会前来＿＿＿＿＿他。就像《诗经》里说的，'从西到东，从南到北，没有不归顺他的'。"

★荀子继续说："＿＿＿＿＿去世时，他的儿子成王年纪尚小，＿＿＿＿＿就辅佐成王治理天下。他这样做，是担心有人＿＿＿＿＿周王朝。他能＿＿＿＿＿地治理政事，就像他本来就是帝王一样。他教诲、开导成王，使其明白治国的方法。成王二十岁举行了加冕礼，终于长大成人了，周公就马上把王位还给了他。这也是＿＿＿＿＿行为的体现。"

★荀子回答："除了通过＿＿＿＿＿，我实在想不出更好的办法。通过学习，可以由卑贱变得＿＿＿＿＿，由愚昧变得＿＿＿＿＿，由贫穷变得＿＿＿＿＿。能把所学的东西记在心里，并且努力付诸＿＿＿＿＿，那就是＿＿＿＿＿的行为。如果能精通学到的东西，那就是圣人了。既然通过学习能有成为君子与＿＿＿＿＿的可能性，那为什么还要停滞不前呢？" |
|---|---|
| 文言文练习 | 解释下列句子中加粗的字：
★儒者**法**先王，**隆**礼义，**谨**乎臣子而致贵其上者也。（《荀子·儒效》）
1.法：
2.隆：
3.谨： |
| 积累词语 | 词1：期盼、屏退、挑衅、气愤、谨守、敬重、称职、恭顺、偏僻、准则、约束、歌颂、投奔、归顺、辅佐、坦荡、背叛、教诲、开导、加冕、卑贱、愚昧、挽留、掩饰

词2：越来越大、心平气和、尊崇礼义、处境艰难、挨饿受冻、道德败坏、停滞不前、兴致勃勃、山川风物、风景秀美、地大物博、长久之计、厚赏重罚 |

笔 记

四 不可貌相

本篇主要通过毛亨去相面的故事告诉人们，以貌取人不可靠，相貌有时会有一定的欺骗性。通过阅读故事，思考评价一个人的标准应该是什么，理解并感悟相貌与内心的关系。

阅读重点	阅读难点
★通过阅读故事，思考评价一个人的标准应该是什么。	★通过荀子与弟子间的对话，思考评价一个人的标准应该是什么。
★理解相貌与内心的关系，思考不能以貌取人的原因。	★感悟人的相貌与内心的关系。

人物介绍

★**毛亨**（生卒年不详），战国末年鲁国（今山东省曲阜市）人，秦始皇时期为避难从鲁国隐居于武垣县（今河北省河间市），入籍河间，遂成当地人。毛亨师从荀子，是历史上著名的大经学家，世人称之为"大毛公"。

★**陆贾**（约公元前240年—公元前170年），汉初楚国人，西汉政治家、外交家，也是汉代第一位力倡儒学的思想家。

阅读理解

★人们在社会交际中，首先看到的就是对方的相貌。习惯上，大家会用"相貌堂堂"之类的褒义词来形容正面人物，而用"贼眉鼠眼"之类的贬义词来形容反面人物。但现实社会不是简单的二元对立，真正了解一个人要复杂得多。故事中有哪些例子，说明不可以以貌取人呢？评价人的正确标准应该是什么？你认为人的相貌和内心是什么样的关系呢？

阅读填空

★陈嚣笑着摇摇头，问道："两位师弟，那我问你们：如果一个人相貌丑陋，但是他很有想法，_____也很好；另一个人呢，相貌很好看，但是_____，整日_____。那么这两个人的吉凶祸福如何呢？"毛亨与陆贾_____，答不出话来。

★韩非说："尧帝_____，和他同样享有盛名的舜帝却_____。孔夫子的身材高大，他的弟子冉有却身材矮小。从前，卫灵公有个大臣叫公孙吕，身长七尺，光脸部就三尺长，额头有三寸宽，但是他的名声_____。"

★李斯补充道："楚国大夫叶公子高，身材_____，走路时几乎连衣服都撑不起来。但是，在白公胜作乱的时候，令尹子西、西马子期都死在了战乱中，他却带领士兵进入楚国都城，杀死白公胜，使楚国安定下来。对于他来说，做这些事情就好像是翻一下手掌那样容易。凭借_____、_____、_____等形体样貌，怎么能判定一个人呢！"

文言文练习

解释下列句子中加粗的字：

★故事不**揣**长，不**揣**大，不**权**轻重，亦将志乎尔。长短、小大、美恶形相，岂论也哉？（《荀子·非相》）

1. 揣：
2. 权：

积累词语

词1：缘由、克制、冷静、推测、祸福、灵验、丑陋、震撼、体魄、暴君、昏庸、脂粉、怪异

词2：蹦蹦跳跳、吉凶祸福、不学无术、游手好闲、面面相觑、身材高大、享有盛名、瘦弱矮小、恍然大悟、敏捷有力、轻薄巧言、美丽妖艳、号啕大哭、笑而不语

笔　记

五　人之性恶

　　本篇通过荀子与弟子毛亨、张苍的对话，表达荀子"人性本恶"的思想观点——人的欲望如果不加约束，就会泛滥成灾，所以需要后天的礼仪和教化。通过阅读故事，思考毛亨和张苍争论的原因，理解并感悟荀子的人性论。

阅读重点	阅读难点
★思考毛亨和张苍争论的原因，理解并感悟荀子的人性论。	★通过阅读故事，感悟荀子的人性论。 ★面对毛亨的质疑，荀子并没有生气，由此可以看出荀子是一位什么样的老师。

人物介绍

★ **毛亨**：介绍见前。

★ **张苍**（公元前256年—公元前152年），河南郡阳武县（今河南省原阳县）人。西汉初期丞相、历算学家。早年在荀子门下学习，与李斯、韩非等师出同门。后跟随沛公刘邦起义，拜常山太守，颇有功劳。汉朝建立后，历任代国相、赵国相。

阅读理解

★ "横看成岭侧成峰，远近高低各不同。"在现实社会中，面对同一个问题，不同的人常常会有不同的答案，这主要是大家分析问题的角度、高度各异所致。对于人性的思考，一直是先秦时期思想家们的核心议题。故事中的毛亨和张苍，对人性的善恶分别有什么样的看法？荀子的"人之性恶"思想是什么样的？你认为荀子是一位什么样的老师？

阅读填空

★ 荀子又说："眼睛喜欢观看_____的景色，耳朵喜欢聆听_____的声音，嘴巴喜欢_____的食物，身体_____了就需要休息。这些都是出于人的_____，并不需要后天的学习。"

★ 荀子说："欲不可纵，如果_____了喜欢美好事物的天性，那么就会出现争夺的现象，则体现了人性中的_____。如何去避免人性中的恶呢？这就需要人后天的_____。"

★毛亨问荀子："老师，弟子之前读《孟子》，得知孟老夫子认为_____，而善良的本性后天会慢慢丢失，只有通过不断的学习，才能_____。弟子_____，一直努力读书，以君子之行_____自己。如今听老师说人性本恶，要通过老师的教导与礼义的教化才能_____。弟子_____，认为两种说法似乎都有道理，一时间竟然分辨不出对与错。"张苍愕然，觉得毛亨竟敢对老师当面提出质疑，生怕老师发怒。想不到荀子不怒反喜，他开心地拍拍毛亨的肩膀，说："我不是_____的老师，并不希望我的学生们都把我的话当作真理。永远保持着自己的_____，这才是我希望你们做到的。"说罢，荀子就走开了。

文言文练习

解释下列句子中加粗的字：

★人之**性**恶，其善者**伪**也。(《荀子·性恶》)

1. 性：
2. 恶：
3. 伪：

积累词语

词1：欲望、思索、聆听、悦耳、可口、疲惫、附和、教诲、孝顺、礼节、铭记、督促、赞赏、放纵、谦让、愚昧、愕然、独裁、钦佩

词2：冒冒失失、慢条斯理、思索片刻、欲不可纵、深以为然、人性本恶、心地纯良、不怒反喜

笔 记

六　人道之极

　　本篇故事讲述了齐王建向荀子请教是否要向赵国施以援手，荀子师徒围绕齐国是否应该联合楚国、援赵抗秦的形势进行分析的故事。通过阅读，总结荀子给了齐王什么样的建议，并分析他如此建议的原因，体会儒家注重礼节诚信的思想基础。

阅读重点	阅读难点
★总结荀子给了齐王什么样的建议，以及他给出这个建议的原因。	★思考齐王建在是否援救赵国的问题上犹豫不决的原因。 ★思考荀子师徒的回答体现了儒家什么样的思想。

人物介绍

★齐王建：介绍见前。

★荀子：介绍见前。

★韩非、陈嚣、李斯，皆为荀子学生。

阅读理解

★荀子师徒建议齐王建奉行礼义之法，联合楚国，援救赵国，以诚信与义气立于诸国之间，体现出儒家仁义的思想。通过阅读，你如何看待秦国的做法？如何看待荀子师徒给齐王建提出的建议？你认为国与国之间交往应该奉行什么样的准则？人与人之间又应该如何交往呢？

阅读填空

★韩非说："大王，秦王想一统天下的野心各国都看在眼里。但是，＿＿＿＿＿＿＿得天下，秦王残暴，一味地巧取豪夺，对外以＿＿＿＿＿＿实施兼并政策，对内也是＿＿＿＿＿＿，使得百姓苦不堪言，实在是＿＿＿＿＿＿。"陈嚣闻言，说："我赞同韩非师兄的说法。秦国不仁不义，我们齐国必须要引以为戒。秦国妄图以武力置别国于死地，我们齐国则要奉行＿＿＿＿＿＿，联合楚国，援救赵国。以＿＿＿＿＿＿与＿＿＿＿＿＿立于诸国之间。"

★荀子很满意两个弟子的回答。但齐王建依然＿＿＿＿＿＿，迟迟不肯表态。

荀子说："赵国对于齐国与楚国来说，是一道保护屏障，就像_____与_____的关系一样，嘴唇没有了，牙齿就会受寒。要是今天赵国被秦国灭亡了，恐怕明天秦国就要攻打_____了。再说了，如果我们援救赵国，别的国家就会称赞我们_____、_____；反之，后果不堪设想啊！"

★韩非回答："老师已经把道理说得明明白白了，齐王会不会听取还无法下定论。但是，老师出生在_____，只怕有小人暗中诋毁老师，认为老师是为了赵国着想，那才真让人_____呀！"

文言文练习

解释下列句子中加粗的字：

★**礼**者，**人道**之**极**也。(《荀子·礼论》)

1. 礼：
2. 人道：
3. 极：

积累词语

词1：即位、扬言、盘算、救援、索性、起身、困惑、思索、残暴、奉行、屏障、叨扰、揣测

词2：犹豫不决、施以援手、息息相关、巧取豪夺、强征暴敛、苦不堪言、引以为戒、犹疑不决、不堪设想、恍然大悟、百口莫辩

— 笔 记 —

七 成功在相

本篇讲了善妒的梦杞惧怕再次担任稷下学宫祭酒的荀子会对自己的地位造成威胁，于是到君王后那里诋毁荀子，最终使齐国放弃了援救赵国的计划，也使齐王建和君王后不再重用荀子的故事。通过阅读，理解荀子不再被重用的原因，感悟"兼听则明，偏信则暗"的道理。

阅读重点

★通过阅读故事，总结齐国改变援助赵国的想法并不再重用荀子的原因。

阅读难点

★思考梦杞为什么去君王后那里说荀子的坏话。

★总结梦杞是如何打消君王后对荀子的信任的。

人物介绍

★君王后（？—公元前249年），齐襄王的王后，齐王建的生母，史称君王后。齐王建继位后，尊君王后为太后。君王后与秦国交往谨慎，与诸侯交往讲求诚信，齐国又处在远离秦国的东海边上，秦国日夜攻打韩、赵、魏、燕、楚五国，五国在秦国的进攻中忙于自救，因此齐王建在位四十多年，齐国未经受战争。

★梦杞（生卒年不详），战国末期齐国人，曾担任稷下学宫祭酒。

阅读理解

★任何一个决策的制定都离不开对当下信息的全面分析，但是决策者往往高高在上，难以获得全面、客观、真实的信息，更何况常常还有人为了一己之私利，故意蒙骗和误导。生活中常常会有像荀子一样被误解的时候，你觉得应怎样来面对呢？当你要对某件事做出决策的时候，应该如何使这项决策尽可能完善呢？

阅读填空

★应_____的邀请，荀子将再次担任"祭酒"。听到这个消息，大家都开心极了。张苍_____，他走到韩非身边，悄声问："师兄，'祭酒'是什么意思？"韩非回答："祭祀宴飨的时候，会推举一个相对_____的人高高举起酒杯，慢慢把酒洒在地面上，这是祭祀的一种仪式。在这里，让谁当祭酒，就说明了那人是学宫的_____。"

★韩非说："这已经是老师第三次担任祭酒的职位了。再说了，老师担任祭酒是_____的事。"

★梦杞首先_____齐王建的母亲君王后。事实上，在齐国说话最有分量的人，并不是_____，而是_____。

★李斯见荀子每天_____，这才对荀子说了实话："老师，齐国不会援救赵国了。听说梦杞在君王后面前说了您很多坏话，只怕君王后与齐王建已经被_____蒙蔽了。"荀子愕然，连忙问："外面是怎么议论我的？"李斯顿了顿，_____地说："听说梦杞说您生来是_____人，援赵只是为了帮助自己的国家。"

文言文练习

解释下列句子中加粗的字：

★世之殃，愚暗愚暗**堕**贤良；人主无贤，如**瞽**无**相**，何**伥伥**。（《荀子·成相》）

1. 堕：
2. 瞽：
3. 相：
4. 伥伥：

积累词语

词1：邀请、推举、尊贵、荣誉、念叨、嗔怪、忽略、离间、蛊惑、禀告、忧心、施展、恐怕、附和、狡猾、逸言、蒙蔽

词2：初来乍到、实至名归、深思熟虑、生死存亡、但说无妨、闭口不语、心事重重、小心翼翼、教书育人

———— 笔 记 ————

年　月　日

八　认知事物

　　本篇讲了荀子让学生们表达对认知事物的看法，引导学生们各抒己见的故事。通过阅读，明确如何才能正确认知事物，并思考其对自身生活的指导意义。

阅读重点	阅读难点
★通过荀子师徒的发言，总结如何才能正确认知事物。	★理解毛亨和张苍所讲的故事要表达的道理。 ★理解荀子"采卷耳容易，采满筐也很容易"这句话。

人物介绍

★荀子：介绍见前。

★毛亨、张苍、韩非、李斯，皆为荀子学生。

阅读理解

★要想正确认识事物，就必须要做到透过现象把握本质，在认识事物的过程中做到静心、虚心和专心。结合自身，谈谈你有没有做到这些？有没有需要加强的地方？

★通过阅读我们发现，毛亨和张苍在表达自己观点的时候不是空讲道理，而是用讲故事的方式将道理表达出来，你如何理解这种表达方式？

阅读填空

★毛亨说："我写的是一个关于认知的故事。夏首的南边有一个叫涓蜀梁的人，他天性＿＿＿＿＿＿，十分胆小，总是＿＿＿＿＿＿。在月光明亮的夜晚走路时，他低头看到自己在路上的＿＿＿＿＿＿，吓得哇哇大叫，以为地下有鬼钻出来了。他猛然仰起头，看到自己的＿＿＿＿＿＿，以为有妖怪站在他背后，拔腿就跑，结果跑到家里后，就因为＿＿＿＿＿＿而趴在床上死掉了。"毛亨用＿＿＿＿＿＿的语调讲述着这个故事，众人＿＿＿＿＿＿地听着。

★李斯也读了自己关于认知的见解："人经常被事物＿＿＿＿＿＿，而不能正确认知。＿＿＿＿＿＿会让人受蒙蔽，＿＿＿＿＿＿会让人受蒙蔽，对古

16

代的事情了解少的会受蒙蔽,对当下事情知道少的也会受蒙蔽……夏桀与商纣就是受到了蒙蔽,以至于难以逃脱_____的命运。"

★荀子回答:"用心去认知,做到_____、_____和_____。《诗经》里说,'采呀采卷耳,采了半天还没装满筐子。怀念我的心上人呀,把筐子丢在了大路上。'采卷耳容易,采满筐也很容易,正因为采卷耳的人一直_____想别的事,以至于筐子一直不满。可见,做事情要_____才行。"

文言文练习

解释下列句子中加粗的字:

★人何以**知**道?曰:心。心何以知?曰:**虚壹而静**。(《荀子·解蔽》)

1. 知:
2. 虚:
3. 壹:
4. 静:

积累词语

词1:清闲、自在、测试、展示、愚蠢、致谢、朗读、惬意、悦耳、驱赶、在意、无视、阻碍、蒙蔽、欲望、憎恶

词2:奋笔疾书、疑神疑鬼、哇哇大叫、抑扬顿挫、聚精会神、戛然而止、前仰后合、不甘落后、国破家亡、三心二意、专心致志、各抒己见

~~~~~~ 笔 记 ~~~~~~

九 天行有常

　　本篇讲了楚国的春申君黄歇敬仰荀子，亲自到齐国向荀子请教问题，并邀请荀子去楚国的故事。通过阅读，理解荀子的回答中包含的道理，并思考春申君是一个什么样的人，他是如何说服荀子去楚国的。

阅读重点	阅读难点
★总结春申君是如何一步一步说服荀子去楚国的。	★通过阅读，思考春申君是一个什么样的人。
★理解荀子说的"天行有常"。	★思考春申君亲自到齐国邀请荀子去楚国的原因。

人物介绍

★**楚考烈王**（公元前290年—公元前238年），芈姓，熊氏，名完（《史记》作元），战国时期楚国君主，楚顷襄王之子，公元前262年—公元前238年在位，共二十五年。从公元前272年开始在秦国做质子，公元前263年其父楚顷襄王病危时，其欲回国争夺王位，但秦昭襄王以情况不明为由，不放归。后其侍人黄歇以偷梁换柱的计略骗过秦国人，使其逃归楚国并顺利继承王位。

★**黄歇**（公元前314年—公元前238年），楚属黄国（今河南省潢川县）人，楚国大臣，曾任楚相。黄歇游学博闻，善辩。楚考烈王元年（公元前262年），以黄歇为相，赐其淮河以北十二县，封为春申君。与魏国信陵君魏无忌、赵国平原君赵胜、齐国孟尝君田文并称为"战国四公子"。

阅读理解

★日月运行、四季变化、万物生长等，都是自然规律的体现。在自然规律面前，我们或许不能改变它，但是可以充分发挥人的作用去探求规律、利用规律，从而使社会安定，造福人类。你知道生活中有哪些利用自然规律来造福人类的事吗？你认为还有哪些自然规律可以被利用呢？

阅读填空

★楚国的_____才能出众、政绩卓越。公元前262年，楚考烈王让其担任宰相，封为春申君。当时，楚国有春申君、齐国有_____君、赵国有_____君、魏国有_____君，他们_____，招徕宾客，被称为"＿＿＿＿"。＿＿＿＿尤其尊贤重才，号称有门客三千。

★荀子答："天行有常，自然界的变化规律是＿＿＿＿的，不会因为尧的存在而＿＿＿＿，也不会因为桀的灭亡而＿＿＿＿。太阳、月亮、星星与尧和桀的时代没有什么不同。尧＿＿＿＿，桀使天下混乱。可见，上天并不能决定社会的安定与混乱。"

★荀子答："也不是季节的原因。庄稼在春、夏两季相继发芽，并且＿＿＿＿生长；在秋冬两季＿＿＿＿和＿＿＿＿，这与尧和桀的时代也没什么两样。"

★春申君说："荀夫子，＿＿＿＿，自然现象不可怕，＿＿＿＿才可怕。实话跟您说吧，我听闻您在这里受＿＿＿＿的困扰，政见不能被采用。我想，您不如到楚国去，助楚王成就一统大业。我这次前来，也是受楚王之命，恳请荀夫子与我一起去楚国！"

文言文练习

解释下列句子中加粗的字：

★**天行有常**，不为尧存，不为桀亡。(《荀子·天论》)

1. 天：
2. 行：
3. 常：

积累词语

词1：卓越、宰相、招徕、久仰、求救、相继、旺盛、贮藏、茁壮、非议、凄然、困扰、告辞

词2：礼贤下士、尊贤重才、永恒不变、避而不答

笔 记

十 为君之道

本篇故事讲了荀子到楚国后，受到楚王无微不至的关怀与照顾，回答了楚王关于如何做一位合格的君主等一系列问题，并向楚王请求去往兰陵。通过阅读，思考荀子的回答，总结其体现出了什么样的思想精髓。

阅读重点	阅读难点
★思考荀子的回答体现了什么样的思想。	★思考跟齐王建相比，楚考烈王是一位怎样的君主。 ★思考楚王询问如何治理国家的时候，荀子没有从正面回答的原因。

人物介绍

★楚考烈王：介绍见前。

★荀子：介绍见前。

阅读理解

★"礼"是儒家思想中的核心概念之一，主要是指一系列应共同遵守的行为准则。故事中荀子告诉楚王，从家到国，都需要依礼而行，这样社会就会井然有序。如若任意妄为，必然会带来灾祸。思考君王应该遵循的"礼"有哪些？在日常生活中，我们又要遵循哪些"礼"？

阅读填空

★对于荀子，楚王可以说是做到了_____的关怀与照顾。荀子的家人和弟子住在王宫_____的房子里，每餐饭都是_____。

★楚王问道："请问怎样做，才能做一位合格的君主呢？"荀子回答："按照'_____'治理国家，_____。""那么臣子应当怎么做呢？"楚王又问道。荀子回答："按照'_____'对待君主,忠诚、_____、_____。""那么怎么做父母呢？"楚王接着问。荀子说："要_____、_____、_____。孔夫子曾经说过，'君君、臣臣、父父、子子'，做君主的，要有君主的样子；做臣子的，要有臣子的样子；做父亲的，要有父亲的样子；做儿子的，要有儿子的样子。君不像君，臣

20

不像臣，父不像父，子不像子，那么国家将＿＿＿＿＿＿。"楚王问："怎样才能全部做到这些？"荀子回答："答案就在一个'＿＿＿＿＿＿'字。君王如果透彻地了解了礼，并且＿＿＿＿＿＿，那么行动就没有不妥当的地方了。"

★楚王又问："请问该怎样＿＿＿＿＿＿？"荀子回答："我只听说过君主谈论如何＿＿＿＿＿＿，不曾听说过怎样治理国家。君主就像测定时刻的标杆，百姓就是这标杆的＿＿＿＿＿＿。标杆端正了，影子自然＿＿＿＿＿＿。君主像是盛水的盘子，百姓是＿＿＿＿＿＿。盘子是圆形的，水也就是＿＿＿＿＿＿的。"

文言文练习

解释下列句子中加粗的字：

★请问为人君？曰：以**礼**分施，均遍而不**偏**。请问为人臣？曰：以礼待君，忠顺而不懈。（《荀子·君道》）

1. 礼：
2. 分施：
3. 偏：

积累词语

词1：定居、歇息、周到、懈怠、透彻、妥当、端正、愚笨

词2：意气风发、指日可待、无微不至、金碧辉煌、山珍海味、铺张浪费、名震天下、动乱不堪、拍手称快、浅显易懂

笔　记

十一 富国裕民

本篇讲了荀子到达兰陵之后，因地制宜并施以礼教，将兰陵治理得一派祥和，楚王再次向他请教治理方法的故事。通过阅读，总结荀子治理兰陵的方法，思考贤明的君王应当如何对待民众。

阅读重点	阅读难点
★通过阅读，总结荀子是如何使兰陵富足的。	★思考为什么不懂得节约，百姓就会陷入贫困的境地。 ★总结在君王对待民众方面，什么样的做法是愚蠢的，什么样的做法是得体的。

人物介绍

★楚考烈王：介绍见前。

★荀子：介绍见前。

阅读理解

★"仓廪实而知礼节，衣食足而知荣辱。"想要国家变得强大，就必须从解决民众衣食住行的切身问题入手。在此基础之上，加强礼乐教化，构建和谐大同。通过阅读，思考当下我国"五位一体"总体布局与荀子治理理念的共通之处。

★故事最后，"楚王一边认真听，一边思考自己是否也犯了这样的错误"，这符合《论语》中哪句话？对你有什么教育意义？

阅读填空

★有了引水灌溉的便捷渠道，百姓不再_____。春种秋收，收成一年比一年好。兰陵渐渐_____起来。百姓吃饱穿暖，就想着使自己的行为更合乎_____的规范。于是，很多人拜在荀子门下，向他学习《_____》《尚书》《_____》等。

★荀子回答："_____，并且推行能使_____的政策。民众_____，收成自然会增多。推行节约的制度，粮食就会有盈余。收藏_____，那么灾荒发生的时候就不必过分着急。君王按照法治向民众_____，这样仓库的粮食也能堆积成山。所以，实施使民众富裕的政策，民众就会富裕起来。"

★荀子停顿了一下，说："相应地，不懂得_____，那么民众则会陷入贫困的境地；没有合理的_____政策，民众就难以节约粮食。这样一来，仓库里没有存粮，发生灾害也没有_____的粮食；百姓的粮食又由于不节约而用完了。如此，_____，国家将会_____。"

★荀子回答："有的君王想着用_____化育民众，冬日里为民众熬粥，夏天时为他们准备_____。如此，确实换来了一时的荣誉，但这绝不是_____。有的君王暴露本性，急急忙忙地使民众服役，不顾及民众的_____，不在乎百姓的_____。即使民众_____，君王也一味只想着自己享乐，以至于失了民心，这更是愚蠢的做法。"

文言文练习

解释下列句子中加粗的字：

★足国之道：节用裕民，而善**臧**其**余**。（《荀子·富国》）

1. 足：
2. 臧：
3. 余：

积累词语

词1：考察、稀少、灌溉、赈灾、温饱、商量、统计、实施、水渠、灌溉、富裕、感念、祥和、辛劳、政绩、推行、盈余、收藏、陷入、境地、荣誉、暴露、服役

词2：满目疮痍、精耕细作、堆积如山、小恩小惠、长久之计、怨声载道、心服口服、付诸实践

笔 记

年　月　日

十二　寓教于乐

本篇讲了荀子在课堂上采用欢乐的"猜字谜"方式教育学生的故事。通过阅读，总结三个谜语中体现的三种事物的特点，感悟荀子"寓教于乐"的教学方式。

阅读重点	阅读难点
★总结三个谜语中体现的三种事物的特点。	★思考李斯是如何得出谜底"礼"的。 ★思考荀子这种"寓教于乐"的教学方式的特点。

人物介绍

★荀子：介绍见前。

★陈嚣、毛亨、韩非、李斯，皆是荀子的学生。

阅读理解

★"得天下英才而教育之"是孟子的三乐之一，教育自古以来就为人们所重视，荀子是我国古代非常著名的老师。通过本篇及往篇的阅读，你认为荀子在教育弟子的过程中体现出了哪些教育理念？结合自身的学习生活，谈谈你最喜欢哪种教学方式，并说明原因。

阅读填空

★荀子的教学方法_____、_____，经常让学生在轻松自在、_____中获得知识、取得进步。

★陈嚣打开一束竹简，开始朗读："有这么一种东西：停留时，它就静静地待在那里；活动起来，它就高高在上、_____。圆的时候，它可以像_____画出来的那样圆；方的时候，也像是依_____画出来的那样周正。小的时候，它可以跟_____一样小；大的时候，它像是能_____。一会儿看它，感觉像个猴子；一会儿看它，感觉是头大象。"

★陈嚣大声读道："这个东西很重要。它不是丝，也不是帛，但纹理清晰，_____。它不是月亮，不是太阳，却为天下带来_____。活着的人靠它_____，死去的人靠它殡葬。完全遵循它就能_____，

24

不完全遵循它也能称霸，完全不遵循它就会_____。"众人听完，_____。

文言文练习

解释下列句子中加粗的字：

★师**术**有四，而博习不与焉：尊严而**惮**，可以为师；**耆艾**而信，可以为师；**诵说**而不**陵**不**犯**，可以为师；**知微**而**论**，可以为师。（《荀子·致士》）

1. 术：
2. 惮：
3. 耆艾：
4. 诵说：
5. 陵：
6. 犯：
7. 知微：
8. 论：

积累词语

词1：正轨、辩论、猜谜、朗读、矩尺、遮蔽、示意、谜底、偷盗、略微、殡葬、遵循、称霸

词2：独具一格、寓教于乐、高高在上、广大无边、轻松自在、潜移默化、斐然成章、冥思苦想

～～～～～ 笔 记 ～～～～～

十三 严于律己

　　本篇讲了荀子的得意弟子韩非在韩国受小人中伤而不得志，荀子十分心疼，召韩非相聚而给予安慰与鼓励的故事。通过阅读，总结荀子教导弟子待人接物的道理，感悟二人的师徒之情。

阅读重点	阅读难点
★阅读文章，思考听完韩非诉说的苦楚，荀子是如何给予弟子安慰与鼓励的。 ★阅读文章，感悟荀子、韩非二人的师徒情谊。	★思考韩非不听"良禽择木而栖"的劝告，执意回到韩国的原因。 ★总结韩非回到韩国后的遭遇，并思考原因。 ★总结荀子教导弟子待人接物的道理是什么。

人物介绍

★韩非：介绍见前。

★韩桓惠王（？—公元前239年），姬姓，韩氏，名然，韩厘王之子，战国时期韩国国君。韩桓惠王在位时，韩非多次要求推行法治。

阅读理解

★在这篇故事中，韩非向荀子诉说自己回到韩国后无法为国效力、建功立业的苦恼。荀子则告诉他，身处乱世，君子不必务求闻达，只需要严于律己、坚持原则，做好自己就可以了。人生路上，总不会事事顺利、时时顺利，你在生活中有遭受困难的时候吗？你是如何处理的呢？当你身边的朋友遇到困难时，你会怎样安慰他呢？

阅读填空

★荀子很是开心，韩非可是他非常疼爱的弟子！荀子看着他从_____的青年，变成了胡须长长、_____的中年人。当年，韩非看见韩国渐渐衰弱，就一直_____，希望能回到韩国去，发挥自己的才能使韩国变成强国，摆脱任人欺凌的命运。很多师兄弟都劝过他，"_____，大丈夫四海为家，与其回到衰弱的韩国，不如追随老师到楚国去"。韩非执拗，他认为身为韩国的贵族子弟，对韩国的存亡要_____。

★ 听说，韩非刚回去的时候，经常上书规劝韩桓惠王，让他_____，而不要凭借君王的势力来驾驭臣子；要任用_____，远离那些只会_____、做表面文章的人。一开始韩王对于韩非的意见_____，但是好景不长，很快就有人_____韩非，说其居心不良，与其他国家的人暗中往来，等等。

★ 过一会儿，荀子问："韩非，我教导过你们应当如何_____吧？"韩非回答："老师您曾经说过，要用_____似的准则要求自己，使自己成为天下人的_____；对待别人则要像舟船似的善于_____他人。君子应当_____、宽容待人。"

文言文练习

解释下列句子中加粗的字：

★ 故君子之**度**己则以**绳**，接人则用**挩**。（《荀子·非相》）

1. 度：
2. 绳：
3. 挩：

积累词语

词1：眷恋、如意、采纳、心疼、相聚、疼爱、衰弱、执拗、承担、规劝、驾驭、中伤、逸言、频繁、理睬、依靠、羸弱、良久、苦楚、陷害、初心、讨好、揣度、利索、捉弄、稳重、内敛

词2：血气方刚、忧心忡忡、任人欺凌、夸夸其谈、言听计从、好景不长、居心不良、四目相对、狼吞虎咽、竭尽全力、奸臣贼子、阿谀奉承、费尽心机、待人接物、严于律己、破涕为笑

~~~~~~~~~~ 笔 记 ~~~~~~~~~~

十四 情然心择

本篇讲了韩非因受到秦王喜爱而遭到李斯与姚贾嫉妒,最后被毒死在狱中的故事。通过阅读,总结韩非被害的原因,并思考面对自己内心的"好、恶、喜、怒、哀、乐"等情感时,应当如何处理。

阅读重点	阅读难点
★总结韩非在秦国遇害的原因。	★思考秦王喜欢韩非的原因。
★思考面对自己内心"好、恶、喜、怒、哀、乐"等情感时,应当如何处理。	★找出李斯到兰陵谢罪时是如何为自己开脱的。

人物介绍

★嬴政(公元前259年—公元前210年),嬴姓,赵氏,名政(一说名"正"),又称赵政、祖龙等,秦庄襄王和赵姬之子,战国时期秦国国君。自公元前230年至公元前221年,先后灭韩、赵、魏、楚、燕、齐六国,完成了统一中国的大业,建立起一个中央集权的统一的多民族国家,自称"始皇帝"。

★姚贾,战国时期魏国人,出身"世监门子",其父是看管城门的监门卒,在当时社会根本没有地位可言。他的经历更是让人非议,乃至于韩非后来称其为"梁之大盗,赵之逐臣"。在赵国受命联合楚、韩、魏攻秦,后来秦国使间,被赵国逐出境。后来他得到秦王嬴政的礼遇和赏识。

阅读理解

★故事中韩非的遭遇不免使人痛心,也应该引发我们思考。荀子说:"性之好、恶、喜、怒、哀、乐谓之情。情然而心为之择谓之虑。"故事中李斯做出了令人鄙视的事情。历史上也不乏毁于嫉贤妒能的小人之手的贤达人士,说一说除了韩非,你还知道哪些有相同遭遇的人?假如你有机会与韩非和李斯对话,你会对他们说些什么?

阅读填空

★韩非在韩国期间发愤著书,写成了《_____》《五蠹》《说林》《_____》等文章。秦王嬴政无意中读到了《孤愤》与《五蠹》,感慨于韩非思想的_____与论辩的清晰,很想与他对面交谈。

★聊天的过程中，秦王越发喜欢韩非。但是，韩非是他从敌国要来的，他并不_____韩非。与此同时，李斯与姚贾十分_____，他们心想：我们能力不如韩非，如果他被秦王任用，那自己岂不是越来越没有地位了！于是，他俩_____地想除去韩非。

★秦王心想："用人不疑，_____。但倘若_____，以韩非的才干，或许能使韩国_____。既然他不能为我所用，那他就是秦国的_____！"于是，秦王给韩非随便安了个罪名，将他打入大牢。

★李斯愤愤不平地说："我与韩非虽然同在_____身边学习，但感觉夫子最喜欢的，始终是_____。即使韩非回了韩国，夫子依然对他_____。如今，我好不容易在秦国站稳了脚跟，他又过来_____我的地位，我是一定要除掉他才能罢手。"

文言文练习

解释下列句子中加粗的字：

★性之**好**、恶、喜、怒、哀、乐谓之**情**。情然而心为之**择**谓之**虑**。(《荀子·正名》)

1. 好：
2. 情：
3. 择：
4. 虑：

积累词语

词1：发愤、犀利、清晰、结交、回禀、修书、派遣、嫉妒、诋毁、祸患、加害、威胁、谢罪、鄙视、惨淡

词2：千方百计、放虎归山、愤愤不平、牵肠挂肚、伤心欲绝、嗤之以鼻

—— 笔 记 ——

年　月　日

十五　垂范后世

　　本篇主要讲了荀子老年时发生的几件大事：受牵连被革职，最喜爱的弟子韩非客死他乡，预料到李斯的悲惨下场等。通过对本篇及往篇的阅读，总结荀子的一生，并做出相应的评价。

阅读重点	阅读难点
★通过对本篇及往篇的阅读，总结荀子的一生，并做出相应的评价。	★从文章中总结天下一统之时，百姓的生活状况。 ★思考荀子为什么会有李斯难免受到迫害的担忧。

人物介绍

★**荀子**：介绍见前。

★**荆轲**（？—公元前227年），姜姓，庆氏（古时"荆""庆"音近），字次非，战国时期著名的刺客，也称庆卿、荆卿、庆轲。

阅读理解

★荀子作为儒家学派的重要代表人物，毕生致力于传道授业、推崇孔子学说，并努力将之推向社会实践。直到今天，荀子及其思想依然影响巨大。读完本书，请你谈一谈从荀子一生的故事中学会了哪些道理？概括一下荀子的思想主张，并比较其与孔子和孟子思想的异同。

阅读填空

★孔子曾说，"三十而立，_____，五十而知天命，六十而耳顺，七十而_____，_____。"七十七岁的荀子，去过多个国家，见了多位君主，写了很多著作，更重要的，是他培养了一大批能_____的弟子。

★他九十四岁那年，秦统一了六国。他的弟子_____是主要的策划者之一，秦王命其担任廷尉的官职，成为_____之一，是秦国的最高司法官。李斯去秦国以前，曾和他彻夜长谈。荀子说："战争已经打了四五百年，_____的局势使得人人厌烦。只有_____，百姓才会过上好日子。此时谁统一了天下，他的名声就可以和_____、

30

_____、_____相比。"

★他九十八岁那年，李斯成了秦国的_____。陈嚣告诉他："众人都说李斯师兄正在秦国大力推行荀学，改变了'_____'的局面，还当了丞相，文武百官都去祝贺他，门前的车马数以千计。李斯师兄却叹息，说：'荀夫子曾教导过，事物发展到极点就要开始_____。我李斯本是上蔡的_____、街巷的_____，皇帝不知道我才能低下，才把我提拔到这样高的地位。'师兄的一番话，使得别人越发_____他。众人都说，是老师您教导有方呢！"

文言文练习

解释下列句子中加粗的字：

★君子之学也：入乎耳，**箸**乎心，**布**乎四体，形乎动静，**端而言**，**蝡而动**，一可以为**法则**。(《荀子·劝学》)

1. 箸：
2. 布：
3. 端而言：
4. 蝡而动：
5. 法则：

积累词语

词1：牵连、废除、敬佩、策划、缝制、清晰、闪耀、追随、叹息、衰落、提拔、佩服、迫害、根基

词2：独当一面、教书育人、慷慨激昂、喟然长叹、千秋万载、四分五裂、博采众长

~~~~~ 笔 记 ~~~~~

关注"国风小注"微信公众号，
领取 30 种阅读记录表，帮孩子学会整本书阅读。